EXPLORADOR CENTINELA NAZARENO

Manual para Tercer y Cuarto Grado (edades 10 y 11 años) del Programa Nazareno de Caravana

EQUIPO CREATIVO
Angela Raker, Donna Manning, Peter Shovak, Suzanne M. Cook

ESCRITORES
David Hutsko, Jennifer George, Eric Wright, Stephanie Harris, Suzanne M. Cook, Peter Shovak

Suzanne M. Cook, *Caravana Editor*
Peter Shovak, *Caravana Editor Asociado*
Stephanie D. Harris, *Editor Asociado*

Yadira Morales, *Traductora*
Bethany Cyr, *Maquetador*

Caravana Explorer Sentury Student book
Copyright © 2004, Published by WordAction Publishing Company, A division of Nazarene Publishing House, Kansas City, Missouri 64109 USA

This edition published by arrangement with Nazarene Publishing House

Publicado por: El Ministerios de Discipulado de la Región de Mesoamérica
www.discipulado.MesoamericaRegion.org
www.MieddRecursos.MesoamericaRegion.org
Copyright © 2019 - All rights reserved
ISBN: 978-1-63580-091-3

Todos los versículos de las Escrituras que se citan son de la Biblia NVI a menos que se indique lo contrario.

Impreso en EE.UU.

No se permite la reproducción de este material con fines comerciales, únicamente para ser utilizado para discipulado en las iglesias.

CONTENIDO

Caravana Exploradores	4
El Viaje de Caravana (Insignias y Premios)	4
Uniforme de la Caravana Explorador	6
Rango Centinela	8
Centinela Artículos de Fe	9
Valor Fundamental de la Santidad (Phineas F. Bresee)	18
Valor Fundamental del Evangelismo (Buddie Robinson)	20
Premio Esther Carson Winans	22
Medalla Phineas F. Bresee	23

Centinela Insignias

Insignias Mentales
Cocinar	24
Música	29
Cuidado de Mascotas	35
El Gran Aire Libre	40
Clima	45

Insignias Físicas
Gimnasia	53
Excursionismo	61
Aptitud Física	66
Deportes de Nieve	72
Nadando	80

Insignias Espirituales
Memoria Bíblica	85
Héroes de la Santidad	89
Oración	97
Escuela Dominical	102

Insignias Sociales
Modales	107
Mi Comunidad	112
Construyendo Equipos	118
Viaje	124

ABC de SALVACIÓN — 131

A menos que se indique lo contrario, las citas de la Biblia en este libro son de la Santa Biblia, Nueva Versión Internacional® (niv®). Derechos de autor © 1973, 1978, 1984 por la Sociedad Bíblica Internacional. Usado con permiso de Zondervan Publishing House. Todos los derechos reservados.

Caravana Exploradores

Un Explorador es alguien que está en un viaje y experimenta cosas nuevas. Como Explorador tendrás la oportunidad de aprender nuevas habilidades, servir a otros y divertirte mientras lo haces.

Servir a otras personas puede ser divertido. Como explorador tendrás la oportunidad de explorar lo que es participar en proyectos ministeriales. Dios quiere que la gente de todas las edades le sirva, incluyéndote. Estate listo para explorar cómo puedes servir a Dios.

El Viaje Caravana

Ganar Insignias y Premios

La palabra *caravana* se refiere a un grupo de viajeros. Trabajan juntos. Aprenden juntos. Se ayudan unos a otros.

Como un Explorador Caravana serás parte de un viaje de dos años. Te unirás a otros preadolescentes. Ganarás insignias, irás de excursión, y participarás en actividades especiales.

Tu líder adulto se llama guía. Tu guía te enseñará y ayudará a aprender. Tu guía será un amigo especial. Junto con tu guía y los de tu rango, aprenderás acerca de tu mundo, tu iglesia, y Dios. Aprenderás nuevas y excitantes cosas.

¿Cómo Puedo Convertirme en un Explorador Caravana?

Asistir a las reuniones de Exploradores. No hay otros requisitos de membrecía.

¿Qué Tipo De Insignias Y Premios Puedo Ganar?

Hay cuatro tipos de insignias y premios que puedes ganar.

1. *Insignias de Habilidad.* Estas incluyen cosas como la fotografía, la astronomía, títeres, y cocinar. Para ganar una insignia de habilidad, debes completar todos los requisitos para esa insignia.

2. *Valor Fundamental de las Insignias.* Los valores fundamentales enfatizan las características que los cristianos deben exhibir. Cada valor fundamental destaca a un hombre o mujer Nazareno que ejemplifica esta característica. Hay una historia acerca de cada una de estas personas en tu libro. Para ganar valor fundamental de la insignia, debes leer la información y completar una actividad.

3. *Insignias, Artículos de Fe.* ¿Sabes lo que cree la Iglesia del Nazareno? Hay 16 artículos de fe para ayudarte a entender lo que cree la Iglesia del Nazareno. Los Aventureros se aprenden los últimos 8. Recibirás 1 estrella por completar cada artículo de fe.

4. *Premio Esther Carson para los Exploradores.* Este es el máximo galardón de los Exploradores. Para ganar este premio debes hacer lo siguiente:

    a. Completar dos años en el programa Explorador, mientras estás en los grados tercero y cuarto.
    b. Completar 16 insignias (2 de cada categoría de cada año).
    c. Aprender los Artículos de Fe del 1 al 8.
    d. Completar dos proyectos ministeriales.
    e. Que tu guía presente tu Formulario de *Registro Individual de Seis Años* a la oficina general de Caravana.
    f. Que tu guía ordene el premio Esther Carson Winans.

Uniforme del Caravana Explorador

El uniforme del Explorador demuestra que eres una parte de un grupo especial. Eres un Explorador Caravana.

Los Exploradores Caravana llevan el uniforme informal a todas las reuniones semanales, salidas de la Caravana, actividades de la Caravana y proyectos ministeriales. El uniforme informal es camiseta y jeans del grupo. Los Exploradores llevan el uniforme formal para todas las funciones oficiales y ceremonias especiales. El uniforme formal es una camisa/blusa blanca, jeans/pantalones/falda azul marino, y la banda.

Ganarás insignias como Explorador Caravana. Tus insignias serán colocadas en tu banda Caravana. Esta es la manera en que tu banda se verá si ganas todas las insignias del Explorador.

Banda de Insignias del Explorador
Instrucciones de Colocación

Cómo Usarla: La banda del Explorador se lleva sobre tu hombro izquierdo. Las Insignias del Explorador se colocan en la parte frontal de la banda. (Coloca habilidades adicionales de las insignias, ganadas, más de ocho por año, en el reverso de la banda.)

Cómo Colocarla: Las Insignias pueden estar unidas por costura, utilizando un dobladillo, o con una pistola de pegamento caliente.

Estas son las insignias que un Centinela puede ganar.

Logotipo de la Insignia Caravana: Esto es para que todos los Exploradores lo lleven. Esto significa que son parte de Caravana.

Broches del Rango Centinela: Este año eres un Centinela. Coloca tu broche del rango en tu banda y llévalo con orgullo.

Estrellas Artículo de Fe: Por cada artículo de fe que aprendas, ganarás una estrella. Puedes ganar hasta cuatro estrellas como Centinela.

Valor Fundamental: Estas insignias son para ambos, Santidad y Evangelismo.

Habilidades de las Insignias: Como Centinela puedes ganar insignias de habilidades. Probablemente ganarás ocho insignias este año dos de cada categoría. Si quieres ganar más, habla con los guías, y te ayudarán.

Primo
Phineas F
Bresee
Lillenas
Adventurero
Winans
Explorador
Santidad
Evangelismo
Misión
Carácter
Servicio
Compasión
Educación
Trabajo
Representación de Estrellas
16 Artículos de Fe

Logo de la Caravana
Scout
Pionero
Centinela
Descubridor
Centinela
Scout
Descubridor
Pionero

(M) Mental
(F) Físicas
(E) Espiritual
(S) Social

7

Rango Centinela

1. Conoce el signo de Caravana. Cuando tu guía hace este signo debes:

¡Parar!   ¡Escuchar!

_____
Firma del Guía

2. Di el lema Caravana de memoria:
 "**Confía en el Señor de todo corazón, y no en tu propia inteligencia. Reconócelo en todos tus caminos, y él allanará tus sendas.**" (Proverbios 3:5-6)

_____
Firma del Guía

3. Di la Promesa del Explorador Caravana de memoria.
 "**Como Caravana Explorador seré: Alegre, Limpio, Cortés, Útil, Trabajador, Leal, Obediente, Respetuoso, Reverente, Confiable.**"

_____
Firma del Guía

4. Di el compromiso de tu bandera nacional.

_____
Firma del Guía

5. Di el juramento a la bandera cristiana de memoria.
 "**Prometo lealtad a la bandera cristiana, y al Salvador para cuyo reino ésta se levanta; una hermandad, uniendo cristianos en todas partes, en servicio y en amor.**"

_____
Firma del Guía

6. Di el compromiso a la Biblia.
"**Prometo lealtad a la Biblia, la Santa Palabra de Dios. Voy a hacerla una lámpara a mis pies y lumbrera a mi camino. Voy a guardar sus palabras en mi corazón para no pecar contra Dios.**"

_____
Firma del Guía

7. Di el Propósito Caravana de memoria.
"**Jesús siguió creciendo en sabiduría y estatura, y cada vez más gozaba del favor de Dios y de toda la gente.**" (Lucas 2:52)

_____
Firma del Guía

Artículos de Fe del Centinela

¿Qué son los Artículos de Fe?
Los Artículos de Fe que aprenderás son declaraciones basadas en los Artículos de Fe de la Iglesia del Nazareno. Los Artículos de Fe nos dicen lo que cree la Iglesia del Nazareno. Hay 16 artículos de fe.

¿Cuántos Puedo Aprender?
Como Centinela, aprenderás las declaraciones sobre los Artículos de Fe 1, 2, 3 y 4. Ellos son: El Dios Trino, Jesucristo, El Espíritu Santo y La Biblia.

¿Voy a Recibir una Insignia por Aprender los Artículos de Fe?
Recibirás una estrella por cada Artículo de Fe cuando puedas:
   1. Completar el Artículo de Fe en tu libro.
   2. Decir el significado del Artículo de Fe en tus propias palabras. La estrella se llevará en la banda.

Artículo de Fe 1: El Dios Trino (La Trinidad)

Definición: "Trino" significa tres. Dios existe en tres personas: Dios Padre, Dios Hijo (Jesucristo) y Dios Espíritu Santo. Este es un misterio que aceptamos por fe.

CREEMOS

- Dios siempre ha sido y siempre existirá. En el principio Dios creó el universo. Dios creó nuestro mundo.
- Dios es Santo. Eso significa que Él está completamente sin pecado.
- Sólo hay un Dios. Dios nos es revelado en tres personas: Dios Padre, Dios Hijo (Jesucristo) y Dios Espíritu Santo. Esto se llama la Trinidad.

Busca los siguientes versículos bíblicos y completa las palabras que faltan.

Génesis 1:1– "_____ en el principio creó los cielos y la tierra."

2 Corintios 13: 14 – "Que la gracia del _____, y el amor de _____, y la comunión del _____ sea con todos ustedes."

¡Tu Turno!

Escribe el significado del Artículo de Fe 1 en tus propias palabras aquí.

_____
_____
_____
_____
_____

¡Hazlo!

¿Cuáles son las tres formas del agua?

_____
_____
_____

¿Cómo es este ejemplo de las tres formas del agua como la Trinidad?

_____
_____
_____
_____

Enlaza el propósito de cada miembro de la Trinidad.

Dios, el Padre   Vive dentro de los cristianos y los guía

Jesús, el Hijo   Creador y Gobernante

Espíritu Santo   Nuestro Salvador

Artículo de Fe 2: Jesucristo

Definición: Jesucristo es Dios Hijo. Él es el único Hijo de Dios y el Salvador del mundo.

CREEMOS

- Jesucristo es Dios Hijo. Él nació como ser humano. Su madre era María, que era virgen cuando él nació.
- Jesucristo es a la vez plenamente hombre y completamente Dios.
- Jesucristo murió por nuestros pecados.
- Jesucristo resucitó de entre los muertos. Regresó al cielo donde Él ahora nos ayuda a vivir como cristianos.

> Busca los siguientes versículos bíblicos y completa las palabras que faltan.

El ángel le dijo a María:

"Quedarás encinta y

_____ a _____

un _____, y le pondrás

por nombre _____."

(Lucas 1:31)

¡Tu Turno!

Escribe el significado del Artículo de Fe 2 en tus propias palabras aquí.

_____
_____
_____
_____
_____
_____

¡Hazlo!

Jesús es plenamente humano y completamente Dios. ¿Esto suena como un misterio? Hay muchos versículos en la Biblia que nos muestran el lado humano y piadoso de Jesús.

Trabaja con un amigo para encontrar los versículos de la Biblia. Decide si el versículo está mostrando el lado humano de Jesús o su lado piadoso. Escribe la referencia abajo.

Juan 11:35	Juan 20:30-31	Marcos 1:35
Mateo 4:23	Mateo 4:2	Mateo 4:1
Mateo 15:32	Marcos 6:39-44	Lucas 5:20
Mateo 8:24b	Mateo 2:1	

Humano   **Dios**

_____   _____
_____   _____
_____   _____
_____   _____
_____   _____

Artículo de Fe 3: El Espíritu Santo

Definición: El Espíritu Santo es la Persona de la Trinidad que ayuda a los Cristianos a saber que son hijos de Dios, les enseña las verdades que Jesús enseñó y les ayuda a vivir la vida Cristiana.

CREEMOS

- El Espíritu Santo está en todas partes del mundo. Trabaja especialmente en y a través de los cristianos y la Iglesia.

- El Espíritu Santo muestra a la gente que son pecadores y los lleva a convertirse en cristianos. El Espíritu Santo ayuda al cristiano a vivir para agradar a Dios y limpia a los creyentes del pecado.

Busca los siguientes versículos bíblicos y completa las palabras que faltan.

Juan 14:16-17—"Y yo le pediré al Padre, y él les dará otro _____ para que los acompañe siempre:

el es _____ de verdad, a quien el mundo no puede aceptar, porque no lo ve ni lo conoce. Pero ustedes si lo conocen, porque _____ con ustedes y _____ _____ ustedes."

¡Tu Turno!

Escribe el significado del Artículo de Fe 3 en tus propias palabras aquí.

_____
_____
_____
_____
_____
_____

¡Hazlo!

¿Cómo es el viento como el Espíritu Santo?

_____
_____
_____
_____
_____
_____

Descifra estas palabras para descubrir cómo nos ayuda el Espíritu Santo. (Sugerencia: Las palabras se escriben hacia atrás.)

Auíg   _____

Añesne   _____

Etreivda   _____

Atneila   _____

Aduya   _____

Artículo de Fe 4: La Biblia

Definición: La Biblia es la Santa Palabra de Dios en forma escrita. A veces lo llamamos las Escrituras o la Palabra de Dios.

CREEMOS

- Dios inspiró los 66 libros de la Biblia. Inspirar significa que Dios guió la mente y los corazones de los hombres que escribieron el Antiguo y el Nuevo Testamento.
- La Biblia nos cuenta cómo es Dios y te da Su plan de salvación por medio de Jesús.
- El mensaje principal de la Biblia es que Dios nos ama y ha hecho un camino para que seamos salvos del pecado por medio de Su Hijo, Jesús.

Busca los siguientes versículos bíblicos y completa las palabras que faltan.

2 Timoteo 3:16-17: "Toda la Escritura es inspirada por _____ y útil para _____, para _____, para _____ y para _____ en la justicia, a fin de que el siervo de Dios esté enteramente _____ para toda buena obra."

¡Tu Turno!

Escribe el significado del Artículo de Fe 4 en tus propias palabras aquí.

_____
_____
_____
_____
_____
_____

¡Hazlo!

Qué significan las siguientes palabras? Enlaza las palabras y los significados.

Aliento de Dios:
Enseñar:
Reprobar:
Corregir:
Entrenar:

Mostrar a alguien cómo hacer algo que no han hecho antes.
Prepararse para algo practicando una y otra vez
Inspiración o pensamientos de Dios correctos
Corregir a alguien bruscamente
Hacer lo correcto

¿Cómo puede la Biblia ayudarte a aprender más acerca de Dios?

_____
_____
_____
_____
_____

S A N T I D A D

Santidad—Ser santo significa "ser apartado" para Dios. Dios quiere que vivamos una vida santa, y el Espíritu Santo nos ayuda a ser semejantes a Cristo.

Conoce a: Phineas F. Bresee

Phineas F. Bresee (FineasBrushi) es conocido como el fundador de la Iglesia del Nazareno. Phineas nació en una cabaña cerca de Franklin, Nueva York, el 31 de diciembre de 1838. Los padres de Phineas le dieron sólo un nombre y apellido. Más tarde, Phineas eligió el segundo nombre Franklin para sí mismo.

En 1854, la familia se trasladó a West Davenport, Nueva York, para abrir una tienda general. Phineas, de seis años, trabajaba en esta tienda como empleado. Tres cosas importantes le ocurrieron a Phineas mientras vivía en Davenport: se hizo cristiano; Comenzó a hacer obra cristiana; Y conoció a su futura esposa, María Hebbard.

Como adolescente, Phineas realizó reuniones de oración y le dijo a la gente cómo ser salvo. Phineas recibió una licencia especial para los predicadores principiantes.

Cuando la familia se trasladó a Iowa, Phineas se convirtió en asistente de un predicador de circuito. Estos predicadores iban de un lugar a otro predicando a la gente en una comunidad. Cuando tenía 20 años, se convirtió en pastor de una iglesia metodista en Pella, Iowa. Durante los siguientes 25 años, pastoreó iglesias en todo Iowa. A menudo, Phineas servía como nuestros superintendentes de distrito hoy. Mientras estaba en Iowa, Phineas tuvo una experiencia espiritual en la cual estaba lleno del Espíritu Santo.

Sin embargo, no fue hasta más tarde que él entendió exactamente lo que sucedió.

Después de mudarse a California, Phineas se convirtió en el pastor de la Primera Iglesia Metodista de Los Ángeles. Una universidad en Iowa lo honró con un doctorado. Se reunió con varios pequeños grupos de cristianos que formaban parte de un "movimiento de santidad". La gente de santidad creía que Dios podía cambiar a una persona tanto que él o ella amaría a Dios completamente y viviría sin pecado. El pueblo llamó a esta experiencia "entera santificación". El Dr. Bresee comenzó a enseñar y predicar acerca de vivir una vida santa.

El Dr. Bresee estaba preocupado por la gente pobre y disfrutaba del trabajo de la misión. Fundó la Misión Peniel en Los Ángeles. Cuando terminó su trabajo, no regresó a la Iglesia Metodista. Empezó una nueva iglesia donde los pobres se sentirían cómodos y donde él podría predicar sobre la santidad.

En octubre de 1895, se organizó una nueva iglesia como Iglesia del Nazareno. Otros grupos alrededor del país comenzaron a formar iglesias de santidad. Varias iglesias se reunieron durante un período de tiempo para unirse al grupo del Dr. Bresee. El 13 de octubre de 1908 es considerado el "cumpleaños" oficial de la Iglesia del Nazareno.

Phineas Franklin Bresee pastoreaba la Iglesia de Nazareno de Los Ángeles, era un superintendente general de la denominación Nazarena, era presidente de una universidad, escribía para el periódico de la iglesia, hablaba en muchos lugares y visitaba a los pobres y necesitados en casa.

Phineas F. Bresee murió el 13 de noviembre de 1915 a la edad de 77 años. Dejó atrás una nueva y creciente Iglesia del Nazareno. La denominación sigue creciendo hoy.

Vida Santa

Santidad no significa sentarse en la iglesia todo el día orando. La mejor manera de demostrar la santidad es a través de las relaciones (amigos, familia y la gente de tu escuela). Cuando tratas a la gente de la manera en que Jesús vivió y enseñó, estás siendo como Cristo. No tienes que adivinar cómo tratar a la gente, porque la Biblia te dice cómo hacerlo. Lee estos y otros versículos para ayudarte a entender: Romanos 12: 1; 1 Pedro 1: 15-16; 2 Pedro 1: 3-8.

¿Por qué crees que la santidad es tan importante para la vida de un cristiano?

EVANGELISMO

Evangelismo—la obra de decir el evangelio (la "buena noticia" de Jesucristo) a las personas que no son cristianos. El propósito es ayudar a estas personas a tener fe en Jesús.

Conoce a: Buddie Robinson

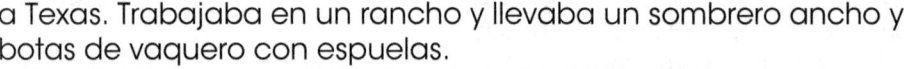

Reuben Robinson nació en una pequeña cabaña en Tennessee en 1860. Cuando él tenía 12 años, su padre murió, y su familia se trasladó a Texas. Trabajaba en un rancho y llevaba un sombrero ancho y botas de vaquero con espuelas.

Un día, fue a un servicio de avivamiento, se dio cuenta de que era un pecador, le pidió a Dios que perdonara sus pecados y se convirtió en cristiano.

Reuben se hizo conocido como "Buddie". Él sintió que Dios lo había llamado para ser predicador. Algunas personas trataron de desanimarlo porque tenía un problema de habla. Buddie no sabía leer. Cuando era un niño pequeño en Tennessee, no había escuelas para que él asistiera.

Buddie tenía muchas dificultades para superar. Luchó para asegurarse de que era cristiano. Justo en medio de un campo de maíz, Dios lo santificó y le aseguró que era un cristiano. Buddie aprendió a leer y escribir y comenzó a predicar y a escribir libros. Superó sus problemas de habla y lectura para convertirse en un evangelista. Viajó por todo el país con servicios de avivamiento.

Dios ayudó al "Tío Buddie" Robinson, un niño sin educación con un problema de habla, a convertirse en uno de los evangelistas más famosos y amados de la Iglesia del Nazareno.

Practica el Evangelismo

Un evangelista es un "mensajero de las buenas nuevas de Jesús". Dile a tus amigos que Jesús los ama (Juan 3:16)! ¡Si quieren pedirle a Jesús que sea su Salvador, es tan fácil como ABC!

A—Admite que has pecado (hecho mal, desobedecido a Dios). Dile a Dios lo que has hecho, arrepiéntete de ello y debes estar dispuesto a dejarlo. (Romanos 3:23)

B—Busca de Dios, proclama a Jesús como tu Salvador. Di lo que Dios ha hecho por ti. Ama a Dios y sigue a Jesús. (Romanos 10:13)

C—Cree que Dios te ama y envió a su Hijo, Jesús, para salvarte de tus pecados. Pide y recibe el perdón que Dios te está ofreciendo. Ama a Dios y sigue a Jesús. (Juan 3:16)

¿Qué tuvo que sobreponer Buddie Robinson para llegar a ser un evangelista?

_____

_____

¿Qué maneras usarías para compartir a tus amigos de Jesús?

_____

_____

¿Qué tan importante es para ti saber como contarle a la gente de Jesús?

_____

_____

¿A quién conoces tú que necesita escuchar del amor de Dios y Su plan de salvación?

_____

_____

MISIONES

PREMIO ESTHER CARSON WINANS
Máximo Premio del Explorador

Esther y su marido Roger fueron a vivir entre una tribu de indios en la selva tropical del Perú. Los indios no tenían idioma escrito. Esther y Roger aprendieron el idioma, crearon un alfabeto y un lenguaje escrito, y luego enseñaron a los indios a leer y escribir.

Esther comenzó a traducir el Evangelio de Lucas para que los indios pudieran leer la Palabra de Dios en su propio idioma. Ella compartió el amor de Dios con los indios. Esther murió joven después de repetidos ataques de malaria. A petición suya, fue enterrada en las montañas del Perú.

Para obtener el Premio Esther Carson Winans, se debe completar dos años en el programa Explorador mientras estés en el tercer y cuarto grado y completar lo siguiente:

Rango Centinela
- Ocho insignias (dos de cada uno categoría)
- Artículos de Fe 1-4
- Dos Valores Fundamentales
- Un proyecto ministerial

Rango Scout
- Ocho insignias (dos de cada categoría)
- Artículos de Fe 5-8
- Dos Valores Fundamentales
- Un proyecto ministerial

MEDALLA PHINEAS F. BRESEE

La medalla Phineas F. Bresee es un premio especial otorgado a los niños que han completado cuatro años en el programa Caravana como Explorador Centinela, Explorador Scout, Aventurero Descubridor y Aventurero Pionero.

Para recibir la medalla Phineas F. Bresee, debes completar lo siguiente:

1. Completar los rangos de Explorador Centinela y Scout cuando estés en tercer y cuarto grado.
2. Ganar el Premio Esther Carson Winans.
3. Completar los rangos de Aventurero Descubridor y Pionero cuando estés en quinto y sexto grado.
4. Ganar el Premio Haldor Lillenas.
5. Aprender los 16 Artículos de Fe.
6. Completar cuatro proyectos ministeriales.

Su guía deberá entregar su *Registro Individual de Seis Años* al director de la Caravana para demostrar que ha cumplido con todos los requisitos para el premio. El Director confirmará que ha cumplido con todos los requisitos de la medalla Bresee.

Si eres un miembro de los Boy Scouts de América, puedes usar tu medalla Phineas F. Bresee en tu uniforme de Boy Scout.

COCINA

Mental

VERSÍCULO BÍBLICO

"[Dios] Haces que crezca la hierba para el ganado, y las plantas que la gente cultiva para sacar de la tierra su alimento: el vino que alegra el corazón..." (Salmo 104:14-15)

Dios nos ha creado maravillosamente y cuida amorosamente de nosotros. Él provee alimento para nuestras necesidades físicas. Y Juan 6:48 nos dice que Dios envió a Jesús, el Pan de Vida, para proveer nuestras necesidades espirituales. Así como necesitamos alimento para que nuestros cuerpos físicos tengan vida, necesitamos a Jesús para tener vida eterna.

EVANGELISMO

¿Qué Puedes Hacer Con Esta Habilidad?

Una vez que aprendas las habilidades de cocina, te divertirás preparando sabrosas recetas para ti, tu familia y tus amigos. Y puedes ser invitado a usar tu habilidad para ayudar con un proyecto ministerial en la iglesia o en un viaje de misión.

Requisitos ✓ de Insignia

Elige cuatro de los cinco requisitos a continuación para completar la insignia de Cocina.

- ☐ Mostrar cómo medir líquidos, ingredientes secos e ingredientes suaves.
- ☐ Explicar los procedimientos básicos de cocción y las reglas de seguridad, y contar la importancia de ellos.
- ☐ Leer y seguir todas las instrucciones para dos recetas.
- ☐ Utilizar sus habilidades de cocinar para complacer a alguien.
- ☐ Encontrar una manera de usar sus habilidades de cocinar para servir a otra persona.

#1 Seguridad

- **Siempre** girar las manijas de una sartén o cacerola en una dirección segura.
- **Siempre** utilizar asas para quitar los recipientes calientes de la estufa, horno o microondas.
- **Siempre** abrir las cubiertas de los recipientes calientes lejos de tu cara y las manos para evitar quemaduras de escape de vapor.
- **Nunca** sostener sartenes o cacerolas en el gabinete o en el fregadero.
- **Nunca** colocar objetos metálicos en el microondas.
- **Nunca** usar agua para apagar un fuego en una sartén o cacerola.

Nota: Antes de cocinar, consulta con los padres sobre las alergias.

PALABRAS PARA SABER

Receta: Una receta dice cómo cocinar los alimentos. Una receta te dice cuatro cosas:(1) El nombre del alimento que estás haciendo,(2) las cosas que necesitarás para hacerlo,(3) cómo hacerlo, y(4) la cantidad.

Cucharas y tazas de medir: Estas son cucharas y tazas especiales. Están marcados para ayudarte a medir los alimentos. Las cuatro cucharas de medición más comunes son: cucharadita ¼ ,cucharadita ½ , 1 cucharadita, 1 cucharada. Los tamaños más comunes de tazas de medir son: taza ¼ ,taza 1/3, ½ taza, 2/3 taza, ¾ taza, y 1 taza, y 2 tazas.

Ingredientes: Los elementos necesarios para hacer la comida.

MEDICIÓN: SESIÓN 1

Ingredientes Líquidas

Utiliza una taza de medición clara para líquidos. Una con un pico para verter es mejor. Los artículos líquidos incluyen leche, agua y aceite.

1. Coloca la copa graduada en la encimera.
2. Inclínate hacia abajo para que tu ojo quede igual con la línea que deseas usar como línea de medición.
3. Llena lentamente la taza hasta la línea.

Medidas Secas y Sólidas

Utiliza una copa de medir de plástico, metal o vidrio para medir artículos secos y sólidos. Los artículos secos y sólidos incluyen harina, azúcar, nueces y verduras.

1. Elige el tamaño adecuado de la taza de medir.
2. Llena hasta la parte superior de la taza.
3. Nivela con el borde de la taza usando una espátula o un cuchillo.

Medidas Blandas

Utiliza una copa de medir de plástico, metal o vidrio para medir artículos blandos. Los artículos blandos incluyen mantequilla, manteca y manteca de maní.

1. Empaqueta el alimento firmemente en la taza de medición.
2. Nivela con el borde de una espátula o un cuchillo.

Medidas con Cucharas

Algunos alimentos, como especias, sal y aromas, se miden en pequeñas cantidades.

1. Si la abertura es grande, sumerge la cuchara en el recipiente. Si la abertura es pequeña, vierte el artículo en la cuchara.
2. Una medida de nivel. Utiliza el borde de una espátula o un cuchillo para que el artículo se nivele en la cuchara con el borde de la cuchara.
3. Una medida apiladora. Vierte el artículo en la cuchara hasta que forme una pequeña colina.

Abreviaturas

Cda. = cucharada
Ctda. = cucharadita
tz. = taza

Lectura de una Receta

Una receta te dice cuatro cosas:

1. _____
2. _____
3. _____
4. _____

Hazlo: Manzana de Canela Dough (masa)

¼ c. pure de manzana
4 cucharadas de canela
1 bolsa de plástico Ziploc

Instrucciones:
Coloca ¼ de taza de compota de manzana y 4 cucharadas de canela en la bolsa Ziploc. Sella la bolsa y amasa hasta que la compota de manzana tenga una consistencia parecida a la masa. Coloca la mezcla sobre papel encerado y has una forma. Deja secar completamente durante 10 a 15 horas.

Opción: Utiliza cortadores de galletas. Has un pequeño agujero antes de que la forma se endurezca. Rosca con la cinta y úsalo como ornamento. Dáselo a un amigo como recordatorio de que Dios provee nuestras necesidades físicas y espirituales.

MIRAR LO QUE SE ESTÁ COCINANDO: SESIÓN 2

Estas instrucciones básicas se pueden utilizar siempre que trabajes en la cocina o cualquier proyecto de cocina.

Antes de que Empieces:
1. Lávate y sécate las manos.
2. Lee la receta. Asegúrate de tener todo lo que necesitas.
3. Reúne todos los ingredientes y suministros que necesitarás.

Mientras Estás Cocinando:
1. Limpia los derrames cuando ocurran.
2. Lávate las manos si se ensucian.
3. No lamer los dedos, las cucharas o los cuencos mientras cocinas.

Cuando Termines
1. Lava los platos.
2. Pon todo lejos.
3. Limpia el contador, la mesa, la estufa y el fregadero.

Hazlo: Palomitas de Maíz
Has un regalo para ti y tus compañeros Centinelas. Has las palomitas de maíz usando un microonda, estufa, y popper del aire. No olvides reunir todos los materiales necesarios, medir cuidadosamente y seguir las instrucciones.

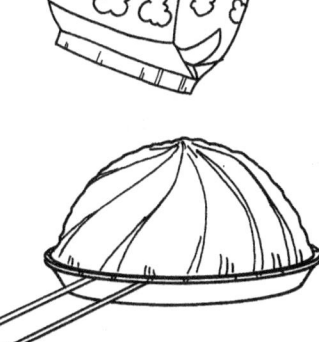

CHEF JUNIOR: SESIÓN 3

Cocinar puede ser muy divertido. Hay muchas cosas que hacer, comer y servir a otros. Utiliza la tarjeta de la receta abajo para completar una receta con los ingredientes y las instrucciones. Es posible que desees guardar esta receta para el futuro. ¡Está rico!

MI RECETA

Copas Sucias

- 4 cucharaditas de chocolate triturado galleticas sándwich (de 3 a 4)
- ½ taza de pudin de chocolate
- 1/3 taza de cobertura batida
- Gusanitos de gomita
- Bolsa plástica de ziploc
- Taza de plástico transparente

1. Aplastar las galleticas en una bolsa ziploc sellada.
2. Mezcla el pudin y la cobertura batida.
3. Añade 2 cucharaditas de galleticas trituradas a la mezcla de pudin.
4. Coloca una cucharada de galleticas trituradas en el fondo de la taza.
5. Vierte la mezcla del pudin en una taza.
6. En el tope, deja una cucharada de galleticas trituradas.
7. Decora con los gusanitos de goma.

¡ENVUÉLVELO!

1. ¿De qué maneras puedes servir a Dios cocinando?
   _____

2. ¿Cómo puedes usar esta habilidad de cocina para servir a Dios en el futuro?
   _____

3. Según el Salmo 104: 14, ¿cómo nos provee Dios?
   _____

_____   _____
Fecha   Firma del Guía

MÚSICA

Mental

VERSÍCULO BÍBLICO

"¡Aclamen alegres al Señor, habitantes de toda la tierra! ¡Prorrumpan en alegres cánticos y salmos! ¡Aclamen alegres al Señor, el Rey, al son de clarines y trompetas!" (Salmo 98:4-6)

En la Biblia, el autor de los salmos amaba la música. Le encantaba cantar sobre Dios y decirle en las canciones cuánto lo amaba. Es bueno usar las habilidades que tenemos para decirle a Dios cuánto lo amamos. También es bueno usar canciones para contarles a otros acerca de Dios.

Hay muchos tipos de música. Puedes divertirte cantando, tocando instrumentos, o escuchando música. Algunas músicas no agradan a Dios porque nos hace pensar en cosas malas. Elige tu música con cuidado. ¡Asegúrate de que tu música pone buenos pensamientos en tu cabeza! Si tu música alaba a Dios, entonces recuerdas alabar a Dios con más frecuencia.

SANTIDAD

Qué Puedes Hacer Con Esta Habilidad

¿Qué puedes hacer con la música? Puedes usar las habilidades musicales para alabar a Dios. Puedes cantar y tocar canciones que hablen a otros acerca de Dios. Puedes aprender, hacer o escuchar música por diversión. Puedes usar la música en la escuela, en casa, y en todas partes.

Requisitos ✓ de Insignia

Elige cuatro de los cinco requisitos para completar la insignia de Música.

- ☐ Aprender hechos básicos sobre música.
- ☐ Aprender cómo puedes usar la música para alabar a Dios.
- ☐ Asistir o participar en un concierto.

☐ Decir cómo los músicos pueden afectar tu vida.
☐ Encontrar una manera de usar las habilidades musicales para ministrar a alguien más.

¿Qué pasa si no soy bueno en la música?

No tienes que ser bueno en la música para disfrutarla. Si quieres aprender habilidades musicales, solo sigue practicando. Es posible que prefieras escuchar música. A medida que aprendes sobre la música, usualmente disfrutas más.

SÍMBOLOS A SABER

Dibuja el símbolo al lado de cada término.

redonda _____

blanca _____

negra _____

corchea _____

dos corchea _____

semicorchea _____

silencio de redonda

silencio de blanca

silencio de negra

silencio de corchea

silencio de semicorchea

clave de sol ____

clave de fa ____

compás

do central

MÚSICA EN TODO LUGAR: SESIÓN 1

Escuchas música donde quiera que vayas. La escuchas en la escuela, en tu casa y en la Iglesia. En el coche, en la tienda y en la televisión.

- ¿Cuál es tu canción favorita?

  _____

- ¿Quién canta o toca tu canción favorita?

  _____

- ¿Qué es lo que más te gusta de la música?

  _____

  _____

  _____

- ¿Qué instrumento musical te gustaría tocar?

  _____

¿Has escuchado alguna vez canciones que te ayuden a recordar hechos de la escuela? Tal vez cantas las tablas de multiplicar o el alfabeto. Las canciones son fáciles de recordar. Cuando ponemos hechos a la música, puede ayudarnos a recordar cosas importantes.

- ¿Cuáles son algunas otras formas en que la música es útil?

  _____

  _____

  _____

  _____

A las Iglesias les gusta la música también. La iglesia usa la música para ayudarte a alabar a Dios. También usn la música para enseñarte cómo ser un mejor cristiano.

- ¿Cuál es tu canción favorita de la iglesia?

  _____

CANTAR JUNTOS: SESIÓN 2

La música se escribe en un pentagrama. Se parece a esto:

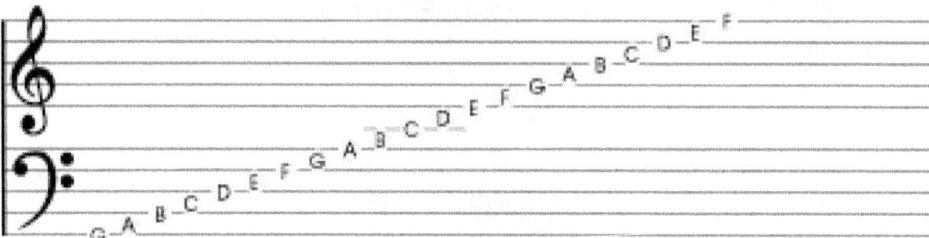

Cada una de las líneas y espacios se denomina por una letra. Usamos las letras A-G.

La clave de sol es el símbolo superior en el pentagrama. Se utiliza para notas más agudas. La clave de sol dice que la nota en la primera línea del pentagrama es E. La clave de sol es la más usada.

La clave de bajo es el símbolo inferior en el pentagrama. Se utiliza para notas bajas. La clave de bajo dice que la nota en la primera línea en el pentagrama es una G.

- ¿Cuáles son las letras en los espacios del pentagrama de la clave de sol? _____

Para recordar los nombres de las líneas en el pentagrama, recuerda esto: "**E**l **G**ran **B**uen **D**ios **F**iel."

Compás
Cada pentagrama está dividido en pequeñas secciones llamadas compás. Cada compás tiene el mismo número de tiempos.

Notas
Las notas son símbolos escritos en el pentagrama. La línea o espacio indica qué sonido debe hacerse. Las notas suenan más altas cuando aparecen más arriba en el pentagrama. El valor de la nota le indica cuánto tiempo debe retener el sonido. Estos son los valores de las notas:

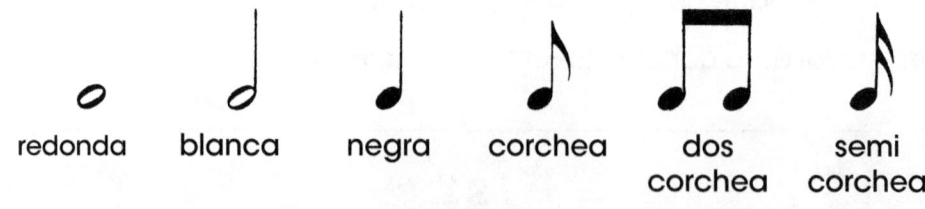

redonda   blanca   negra   corchea   dos corchea   semi corchea

un   dos   cuatro negras   ocho corcheas
redonda   blancas

Silencio
Los silencios se cuentan como notas. Ellos te dicen cuántos tiempos estar en silencio.

silencio de   silencio de   silencio de   silencio de   silencio de
redonda   blanco   negra   corcheas   semicor-
                                                        cheas

Cifra Indicadora
Las Cifras Indicadoras parecen fracciones. Están al principio de una pieza de música. El número superior indica cuántos tiempos hay en cada medida. El número inferior indica qué tipo de nota recibe un tiempo.

Lee una Cifra indicadora como esta:
4—4 tiempos por compás
4—la nota de cuarto obtiene un tiempo

ESCUCHAR LA MÚSICA: SESIÓN 3

- ¿Cómo es que la música que escuchó en esta sesión agradó a Dios?

_____
_____
_____
_____
_____
_____

¿Sabías?
Muchos compositores famosos escribieron música sobre Dios. Johann Sebastian Bach, Wolfgang Amadeus Mozart y George Frederic Handel son famosos por su música. Muchas de sus obras más famosas son acerca de Dios.

¡ENVUÉLVELO!

1. ¿Cómo te sentiste después de tu proyecto de ministerio?

   _____
   _____

2. El Valor Fundamental de esta insignia es la Santidad. ¿Cómo afecta la música sus pensamientos?

   _____
   _____
   _____

3. ¿Cómo te sientes acerca de Dios en el Salmo 98:4-6?

   _____
   _____
   _____

4. ¿Cómo puedes usar tus habilidades musicales para servir a Dios?

   _____
   _____
   _____

_____   _____
Fecha   Firma del Guía

CUIDADO DE MASCOTAS

Mental

VERSÍCULO BÍBLICO

"Hagamos al ser humano a nuestra imagen y semejanza. Que tenga dominio sobre los peces del mar, y sobre las aves del cielo; sobre los animales domésticos, sobre los animales salvajes, y sobre todos los reptiles que se arrastran por el suelo." (Génesis 1:26)

Dios le dio a la gente el trabajo de cuidar de los animales en la tierra. Adán tenía la tarea de nombrar a los animales. Tenemos la tarea de cuidar de ellos. Dios quiere que cuides y muestres bondad a los animales que Él creó.

SANTIDAD

Qué Puedes Hacer Con Esta Habilidad

Aprender a cuidar y mostrar bondad a las mascotas es una habilidad valiosa para una vida de recuerdos felices con los animales. Puedes descubrir el mejor tipo de mascota para ti y las habilidades básicas para cuidar a tu mascota.

Requisitos ✓ de Insignia

Elige cuatro de los cinco requisitos a continuación para completar la insignia de Cuidado de Mascotas.

- ☐ Decir lo que se requiere para cuidar de un gato.
- ☐ Decir lo que se requiere para cuidar a un perro.
- ☐ Decir lo que se requiere para cuidar de un pez.
- ☐ Decir cómo elegir el tipo de mascota que coincida con su situación actual de vida.
- ☐ Encontrar una manera de usar las habilidades de cuidado de mascotas para ministrar a alguien más.

#1 Seguridad

- ■ **Ten en Cuenta** a los niños que tienen alguna alergia a los animales.
- ■ **Habla** con el dueño de un animal antes de tratar de acariciarlo o jugar con él.

PALABRAS PARA SABER

Raza: Un tipo particular de animal.

Cepillar: Cepillar y limpiar un animal.

Agencia de rescate: Un grupo de personas que salvan animales que están en peligro.

Veterinario: Un médico que está entrenado para tratar animales enfermos o lesionados.

FELINOS PELUDOS: SESIÓN 1
Personalidades de Mascotas

Algunos gatos son más amigables que otros. Esto no es sólo en su personalidad, sino que tiene que ver con el tipo de raza que son. Algunas razas de gatos son mejores para las personas que viven solas, y algunas son mejores para las familias con niños. Si estás interesado en tener un gato, habla con un veterinario o alguien que trabaje en una tienda de mascotas para ayudarte a decidir qué raza de gato es mejor para ti.

Datos Felinos

¿Realmente los gatos tienen nueve vidas? No, sólo tienen una vida. Pero ya que tienen un equilibrio tan grande, pueden sobrevivir a muchos accidentes que creemos que nunca podrían. Por lo tanto, ten cuidado con tu gato. ¡Su única vida debe ser feliz!

Detalles de Mascotas

Los gatos pueden ser entrenados para hacer muchas cosas. Si estás interesado en traer a casa un gatito o un gato, he aquí una lista de cosas que puedes querer llevar contigo:

- caja de arena
- juguetes para gatos
- tazón de agua
- comida para gatos
- arena para gatos

No importa qué raza, busca un gato que sea juguetón, activo, alerta y cómodo mientras se mantiene y acaricia.

Si estás eligiendo a un gato de un refugio de animales, pregunta al refugio o agencia de rescate si conocen la raza. Algunas razas de gatos no les gusta estar cerca de la gente. A otros no les gusta que los dejen solos. La elección de la raza correcta producirá mascotas y propietarios felices.

Gatos y Tú
¿Cómo sabes si un gato es la mascota adecuada para ti? Responde estas preguntas:
1. ¿Cuáles son las actividades en las que estás involucrado en la escuela, iglesia u otros lugares? ¿Tienes tiempo para alimentar, dar agua y jugar con un gato?
2. ¿Quieres una mascota con la que puedas jugar?
3. ¿Tienes la ayuda de un adulto para cuidar a un gato?
4. ¿Tienes alergia a una mascota con pelo?

PATAS JUGUETONAS: SESIÓN 2
Personalidades de Mascotas
Los perros necesitan cuidados todos los días. Necesitan ser alimentados, llevados fuera para ir al baño, y ejercitarse todos los días para mantenerse sanos y activos. También necesitan ver a un veterinario con regularidad para asegurarse de que reciben las vacunas adecuadas y cuidado médico.

¿Esto suena como un montón de trabajo? Bueno, se necesita algún trabajo todos los días, pero las recompensas valen la pena. Los perros son grandes mascotas. Les encanta estar y jugar contigo. Los perros son leales. Tener buen cuidado de tu perro te dará un amigo leal durante mucho tiempo.

Detalles de Mascotas
Habla con los profesionales de la tienda de Agencia de rescate, o una clínica veterinaria sobre el perro adecuado para ti.

Aquí hay una lista de cosas para pensar al elegir el perro adecuado para ti.

> **Datos de Fido**
> Los perros se sienten parte de la familia cuando tienen un "trabajo" que hacer. Entrena a tu perro para que traiga el papel.

1. **Temperamento** – Un perro activo o tranquilo.
2. **Tamaño** – Pequeños cachorros crecen rápido y mucho. ¿Qué tamaño de perro sería mejor donde vives?
3. **Abrigo/Aseo** – Todos los perros necesitan ser bañados y arreglados. Los perros de pelo largo necesitan ser cepillados con frecuencia.
4. **Macho o hembra** – Los perros macho y hembra pueden tener diferencias en sus personalidades. Si tu familia no quiere cachorros, lleva a tu perro al veterinario para que esto pueda prevenirse.
5. **Cachorro o Adulto** – Los cachorros dan más trabajo que los adultos.
6. **Salud** – Algunas razas de perros necesitan más atención médica que otras. Elige un perro que tenga una historia médica saludable.

Perros y Tú

Los perros pueden ser grandes mascotas. El secreto de tener un perro amable es saber cómo ser amable en "lenguaje perrito".
1. Siempre pregunta al dueño de un perro si puedes acariciar al perro.
2. Acercarse a un perro desde la parte delantera o lateral.
3. Deja que un perro coma en paz.
4. No tomes el juguete de un perro de su boca.
5. Evita las bromas, la lucha áspera o los juegos de tirón.
6. Respeta el espacio de un perro.
7. Deja solo a los perros luchadores.
8. Observa el lenguaje corporal de un perro.

¿Cómo sabes si un perro es la mascota adecuada para ti? Responde estas preguntas:
1. ¿Cuánto tiempo puedes pasar cada día cuidando a un perro? Los perros necesitan ser alimentados, caminar y jugar todos los días.
2. ¿Quieres una mascota con la que puedas jugar mucho?
3. ¿Tienes la ayuda de un adulto para cuidar a un perro?
4. ¿Tienes alergia a una mascota con pelo?

DE PESCA: SESIÓN 3
Personalidades de Mascotas

Los peces pueden ser grandes mascotas, pero no son para todos. Necesitan un cuidado especial para que puedan sobrevivir. Si estás interesado en tener un pez de mascota, aquí está una lista de cosas que tendrás que tener para cuidar adecuadamente a tu pez. Cuando traes al hogar peces, tienes que traer su hogar entero con ellos.

peces	tanque de peces	agua
grava	filtro/bomba de aire	alimento
químicos	decoraciones	sifón

Detalles del Mascotas

Por lo general, alimenta a los peces dos veces al día. El agua necesita cambiarse una vez a la semana. Un tanque de peces tiene que estar en un lugar donde no hay demasiada luz solar y donde puede estar al lado de una toma de corriente. Los tazones de peces no son una buena idea porque el agua no siempre recibe suficiente oxígeno o cambio.

Los peces dorados pueden vivir mucho tiempo si se cuidan adecuadamente, pero necesitan un tanque grande para vivir. Los peces tropicales son coloridos pero necesitan alimentos, temperatura del agua y tanques especiales.

Datos de Pesca

Los peces no tienen párpados. Apaga las luces en la habitación donde está el tanque, para que los peces puedan dormir. ¡Los peces necesitan su descanso también!

Los Peces y Tú

¿Cómo sabes si los peces son la mascota adecuada para ti? Responde estas preguntas:
1. ¿Cuánto tiempo tienes cada día para gastar en el cuidado de una mascota?
2. ¿Quieres el tipo de mascota en la que no tienes que pasar mucho tiempo cuidándola?
3. ¿Tienes la ayuda de un adulto para cuidar un pez?

¡ENVUÉLVELO!

1. ¿Qué aprendiste participando en un proyecto ministerial?
   _____
   _____

2. ¿Cómo puedes mostrar bondad y cuidado a una mascota que tienes ahora o tendrás algún día?
   _____
   _____

3. ¿Cómo puedes utilizar estas habilidades de Cuidado de mascotas para servir a otras personas?
   _____
   _____

4. ¿Qué nos dice Génesis 1:26 acerca del cuidado de los animales?
   _____
   _____

_____   _____
Fecha   Firma del Guía

EL GRAN AIRE LIBRE

Mental

VERSÍCULO BÍBLICO
"El Señor Dios tomó al hombre y lo puso en el huerto del Edén para que lo trabajara y lo cuidara." (Génesis 2:15)

¡El aire libre! No está claro quién utilizó por primera vez la frase, pero es una frase maravillosa. Después de que Dios creó el mundo, Él puso al ser humano en el Jardín del Edén para cuidarlo. Dios también dio toda la creación para que Adán disfrutara. Adán eligió nombres para los animales. Nombró a las plantas e insectos. Trabajó duro, pero también disfrutó de la belleza de lo que Dios había creado.

Mira por una ventana. Verás el mundo que Dios creó para ti. Asegúrate de disfrutar del paisaje, las plantas y los animales. A medida que disfrutas de la naturaleza, recuerda que también eres responsable de cuidar de ella.

SANTIDAD

¿Qué Puedes Hacer Con Esta Habilidad?

El estudio de la naturaleza es una gran manera de disfrutar de la creación de Dios. Aprenderás muchas cosas nuevas sobre el mundo que te rodea. Incluso puede descubrir una futura carrera. Los Rangers de parque, son trabajadores del medio ambiente y científicos estudian la naturaleza para ayudar a conocer más sobre el mundo.

Requisitos ✓ de Insignia

Elige cuatro de los cinco requisitos que se indican a continuación para completar la insignia de El Gran Aire Libre.

- [ ] Hacer una granja de hormigas. Observa la granja diariamente por lo menos una semana.
- [ ] Ir a un estudio de la naturaleza para observar las plantas y los árboles. Enumera cinco tipos de plantas y cinco tipos de árboles que veas.
- [ ] Ir a un estudio de la naturaleza para observar los insectos y animales. Enumera cinco tipos de insectos y cinco tipos de animales o pájaros que veas.
- [ ] Comenzar un cuaderno de estudio de la naturaleza. Registra la información que observes.
- [ ] Participar en un proyecto de ministerio opcional utilizando las habilidades de aire libre.

 **Seguridad** — Mental

- **Nunca** ir en un viaje de estudio de la naturaleza solo.
- **Siempre** dile a sus padres u otros adultos a dónde van.
- **Siempre** ir a la zona tan buena o mejor que la encontrada.
- **Siempre** mantenerse en los senderos marcados.
- **Nunca** destruyas o dañes plantas o animales.
- **Nunca** tires basura.
- **Nunca** ingreses en la propiedad marcada como "Privada", "Mantenerse Fuera", "Sin Invasión" o "Condenada".

PALABRAS PARA SABER

Granja de Hormigas: Un contenedor utilizado para albergar una colonia de hormigas. Este contenedor permite ver los túneles de hormigas, las trabajadoras y los huevos.

Clasificación: Poner las cosas en grupos de acuerdo a sus características.

Medio Ambiente: El mundo que te rodea.

Guía de Campo: Un libro usado para clasificar varias cosas encontradas en la naturaleza. Estos libros son pequeños y fácilmente transportados en un bolsillo.

Larvas: Insectos infantiles. Pueden parecer un huevo pequeño o un pequeño gusano blanco.

Ciclo de Vida: La serie de cambios que cada ser vivo atraviesa desde el nacimiento hasta la muerte.

Nutrientes: Proteínas, vitaminas y minerales necesarios para que las plantas y los animales vivan.

Planta: Un ser vivo que tiene un pigmento verde que le permite hacer la comida de la energía del sol.

Rastro: Un camino marcado correctamente para ir de excursión.

DESCUBRIENDO LOS GRANDES EXTERIORES: SESIÓN 1

Pasar tiempo al aire libre es divertido. Verás muchas cosas nuevas, y escucharás muchos sonidos nuevos. Todo lo que tienes que hacer es tomar tiempo para mirar de cerca al mundo que te rodea.

Disfrutando de Tu Mundo

Sigue estos pasos para ayudarte a disfrutar tu estudio de la naturaleza:

- Decide lo que quieres estudiar. Hay muchas cosas para mirar cuando estudias la naturaleza. Las aves, los árboles, los insectos y las plantas son dignos de estudio.
- Reduce la velocidad. No te apresures. Tómate tu tiempo y explora. Mira lo que estás estudiando con cuidado.
- Mantente en silencio. Si estás estudiando la naturaleza, estar tranquilo ayudará a escuchar las aves y animales cercanos. También evitará que asustes a los animales.
- Usa todos tus sentidos. ¿Qué oyes, ves y hueles? ¿Cómo se sienten las cosas?
- Observa de cerca. A veces las mejores cosas no son las cosas que ves de inmediato. Pasa tiempo estudiando. Mira bajo las rocas, troncos y otros lugares inusuales.

Responsable de Tu Mundo

Mantener la naturaleza limpia es tu responsabilidad.

- Siempre recoge tu basura y llévala contigo. Recoge cualquier basura que encuentres.
- Nunca destruyas o dañes las plantas o animales que estás estudiando. Esto permite que otros vean lo que has visto.
- Comienza en casa. El reciclaje en casa ayuda a salvar el medio ambiente de daños adicionales.

Manteniendo un Cuaderno de la Naturaleza

¿Por qué alguien mantendría un cuaderno de la naturaleza? Te ayuda a recordar lo que has visto y experimentado. Escribir lo que ves, oyes, hueles y sientes te ayudará a entender mejor la naturaleza.

Toma notas en cada viaje de la naturaleza que hagas. Esto será útil más adelante.

Utiliza estas preguntas para ayudarte a comenzar a trabajar con tu portátil:

1. ¿A dónde fui?
2. ¿Qué he visto? Incluye dibujos de lo que viste.
3. ¿Qué plantas y animales estudié? ¿Cuáles son algunos detalles sobre la planta o el animal?

Necesitarás algún equipamiento para ayudarte a estudiar.

- Binoculares
- Lupa
- Microscopio y diapositivas (si está disponible)
- Guías de campo para pájaros, árboles, plantas e insectos
- Bolsas de sándwich de plástico para recoger muestras
- Pinzas

4. ¿Qué escuché?
5. ¿Qué olí?
6. ¿Cómo me sentí?
7. ¿Qué aprendí del guía de campo?

¿Donde Puedo Ir?

Hay muchos lugares para estudiar la naturaleza. Utiliza esta lista para ayudarte a encontrar un lugar para explorar la naturaleza.
- Un Parque Local
- Parque Nacional o Parque Estatal
- Una Reserva Natural
- Tu Propio Patio Trasero

PLANTAS Y ÁRBOLES: SESIÓN 2

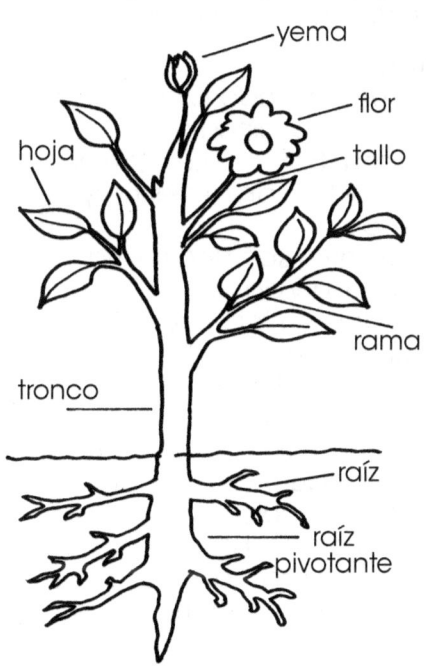

Vida Vegetal

Las plantas tienen un ciclo de vida. Las semillas de las plantas caen al suelo o son transportadas por animales. La semilla brota, creando una nueva planta. Viven por unos meses o años, o a veces por sólo unos pocos días. Cuando mueren, se descomponen dando al suelo los nutrientes necesarios para que las nuevas plantas crezcan.

¡Tu Turno!

Mira la imagen con las partes de una planta etiquetada. Localiza esas partes en una planta viva. Ten cuidado de no destruir la planta.

Hoja Solo

Hay muchos tipos de árboles alrededor del mundo. Cada área del mundo ofrece su propia variedad de árboles. Utiliza una guía de campo para tu área para ayudarte a descubrir qué árboles están ubicados cerca de ti. Utiliza la guía para ayudarte a identificar esos árboles en tu viaje por la naturaleza.

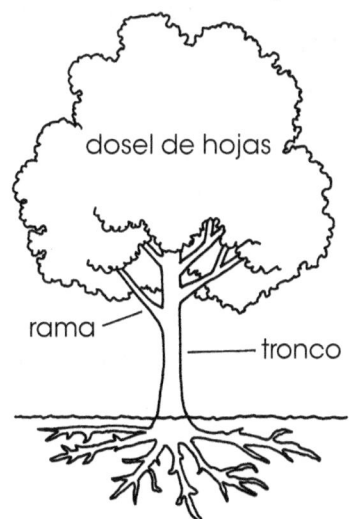

INSECTOS Y ANIMALES: SESIÓN 3

Insectos

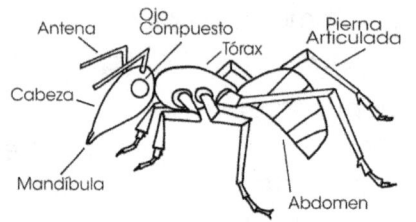

Todos los insectos tienen seis partes principales: cabeza, antena, ojo compuesto, tórax, abdomen y seis patas. Las arañas no se consideran técnicamente un insecto. Algunas personas no estarán de acuerdo y salen corriendo de la habitación gritando. Las arañas tienen ocho patas y ninguna antena.

Las hormigas son un insecto común que se encuentra en la mayoría de las áreas. Crean túneles subterráneos para vivir y mantener sus larvas seguras.

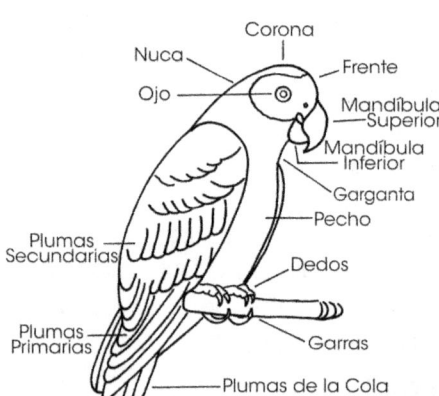

Animales

Descubrirás todo tipo de animales al estudiar la naturaleza. Hay animales muy grandes, y hay animales muy pequeños.

Los pájaros son una forma común de la vida animal encontrada en todas las áreas del mundo. Hay 9.703 tipos de aves en todo el mundo. Las aves pueden ser tan grandes como 300 libras y 8 pies de alto. ¿Sabes qué pájaro es? El avestruz. El pájaro más pequeño es el colibrí abeja encontrado en Cuba. Este pájaro tiene sólo dos pulgadas y media de largo, y pesa sólo unas pocas onzas. Las alas del Cóndor Andino pueden ser de 10 pies de ancho. Las aves vienen en muchas formas y tamaños. Observa atentamente mientras estudias el mundo que te rodea.

¡ENVUÉLVELO!

1. ¿Cómo te sentiste después de tu proyecto ministerial?
   _____
2. ¿Cómo puede Dios usar tu habilidad para estudiar la naturaleza en el futuro?
   _____
3. Sabemos que Dios se manifiesta en Su creación. ¿Qué parte de la creación de Dios te hizo pensar en Él?
   _____

_____   _____
Fecha   Firma del Guía

CLIMA

Mental

VERSÍCULO BÍBLICO

"Con agua de lluvia carga las nubes, y lanza sus relámpagos desde ellas; y estas van de un lado a otro, por toda la faz de la tierra, dispuestas a cumplir sus mandatos." (Job 37:11-12).

Las obras poderosas de Dios muestran la grandeza de Su poder. Esto se ve claramente en la quietud y la furia que llamamos clima. ¡Exige nuestra atención y respeto!

EVANGELISMO

Qué Puedes Hacer Con Esta Habilidad

Aprender sobre el clima no es sólo diversión, es importante. Tu conocimiento sobre la temperatura, el viento y la precipitación (lluvia, nieve, hielo) te ayudará a prepararte para las actividades diarias y saber cómo vestirte apropiadamente. Más importante aún, estar preparado para el clima severo puede salvar tu vida. Y, tu interés en este campo científico podría llevarte a una carrera meteorológica.

Requisitos ✓ de Insignia

Elige cuatro de los cinco requisitos a continuación para completar la insignia del Clima.

- ☐ Conocer el vocabulario básico para el clima.
- ☐ Explicar el ciclo del agua.
- ☐ Identificar y describir tres tipos básicos de nubes. Contar cómo afecta cada uno al clima.
- ☐ Dar reglas de seguridad para las condiciones climáticas severas que afectan tu área.
- ☐ Encontrar una manera de usar las habilidades meteorológicas para ministrar a alguien más.

Seguridad Mental #1

Reglas Generales de Seguridad para el Tiempo Severo

1. Estar alerta al tiempo severo que se aproxima.
2. Saber dónde buscar refugio.
3. Conocer el plan de emergencia del clima de tu familia.
4. Ayudar a preparar un kit de emergencia para casos de desastre.
5. Conocer a quién llamar en caso de que estés separado de tu familia.

Reglas de Seguridad para Condiciones Meteorológicas Particularmente Severas

Tormenta y Relámpago
1. No uses el teléfono.
2. Mantente alejado del agua (baño, ducha, piscina).
3. Si no puedes entrar en un edificio o automóvil (excepto un convertible), cúbrete en una zanja o agáchate. **NO TE ACUESTES EN EL SUELO.**
4. No te pongas bajo un árbol o poste telefónico.
5. Mantente alejado de objetos metálicos (bicicletas, cercas, líneas de ropa).

Inundación
1. Muévete a un terreno más alto.
2. No cruces una corriente de agua que fluya rápidamente, aunque sólo tenga unas pocas pulgadas de profundidad.
3. No uses alimentos o agua que hayan estado en contacto con agua de la inundación.
4. Utiliza una linterna en lugar de cerillas o velas para evitar una explosión de las líneas de gas rotas.

Tornado
1. Ve a un sótano.
2. Si no tienes un sótano, ve a una pequeña habitación en el centro de la casa en el nivel más bajo.
3. Cúbrete bajo algo robusto.
4. Mantente alejado de gimnasios y auditorios.
5. Si estás afuera, acuéstate en una zanja y cúbrete la cabeza.

Huracán
1. Ayuda a recoger artículos sueltos en el patio (juguetes, bicicletas).
2. Mantente alejado de las ventanas.
3. Permanece en el interior hasta que escuches un informe meteorológico completamente claro.
4. Si vives cerca del océano, puedes tener que viajar con tu familia a un lugar seguro más lejos interior.

Tormenta de Invierno
1. Usa varias capas de ropa, un sombrero o una capucha en la cabeza, y guantes. (Los mitones son más calientes que los guantes.)
2. Si estás sentado en un coche, ejercita tus manos y pies.
3. Si el motor del coche está funcionando mantenlo caliente, abre ligeramente la ventana.

Ola de Calor
1. Usa ropa ligera y de color claro.
2. Bebe mucha agua incluso si no tienes sed.
3. Usa protector solar en la piel expuesta.
4. No te quedes dentro de un coche caliente.

PALABRAS PARA SABER

Meteorólogo: Un científico que estudia el tiempo y luego intenta predecirlo.

Evaporación: El agua cambia a vapor de agua, o gas, y se eleva.

Condensación: A medida que el vapor de agua sube, se enfría y se convierte en gotas de agua, formando nubes.

Precipitación: Cuando las nubes no pueden contener más gotas de agua, caen a la tierra como lluvia, nieve o hielo.

Relámpago: Electricidad que destella a través del cielo mientras se mueve entre las nubes o entre una nube y el suelo.

Tornado: Un cono de aire giratorio y que cae desde el fondo de una nube hacia el suelo.

Huracán: Un viento violento y lluvia que comienza sobre el océano y se extiende cientos de millas.

Anemómetro (a-nó-me-tro): Instrumento utilizado para medir la velocidad del viento.

LO QUE SUBE VENDRÁ ABAJO: SESIÓN 1

El clima es la condición de la atmósfera – el aire invisible que rodea la tierra. Los meteorólogos estudian el tiempo y tratan de predecirlo.

Sabiduría de Clima

¿Es hecho o ficción? Lee cada declaración. Si es cierto, escribe una V en el espacio en blanco. Si es falso, escribe una F en el espacio en blanco.

_____ 1. Un anillo alrededor de la luna significa lluvia o nieve.
_____ 2. Los tornados sólo ocurren en los Estados Unidos.
_____ 3. El rayo siempre golpea el objeto más alto.
_____ 4. Puedes estimar la temperatura por el gorjeo de un grillo.
_____ 5. Puedes decir cuan cerca está el relámpago contando los segundos entre el tiempo que ves el relámpago y el tiempo que escuchas el trueno.

El Ciclo del Agua

El agua se mueve constantemente hacia adelante y hacia atrás entre la superficie de la tierra y la atmósfera. Este proceso se denomina ciclo del agua.

1. _____ (cionevapora) Cuando el agua en la superficie de la tierra se calienta, se convierte en un gas llamado vapor de agua y se eleva en el aire.
2. _____ (ciónconsaden) A medida que el vapor de agua sube y se enfría, se transforma en diminutas gotitas de agua y forma una nube.
3. _____ (ciónpreitacip) Cuando las gotas de agua se vuelven demasiado pesadas, caen de la nube como lluvia, nieve o hielo dependiendo de la temperatura.

El Ciclo Del Agua

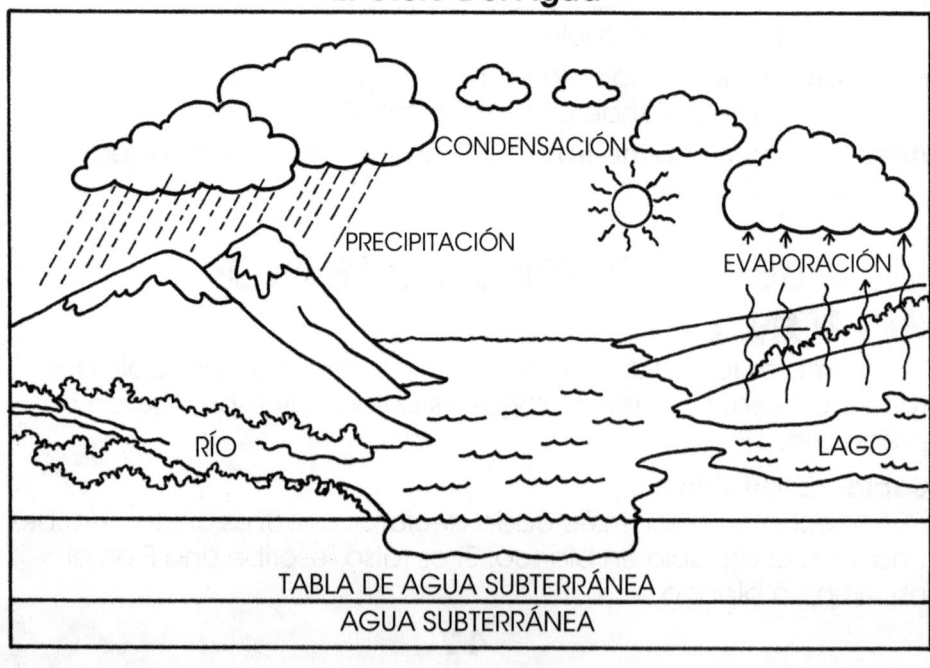

ALGODÓN, RIZOS Y MANTAS: SESIÓN 2

Como el algodón, así es como podrías describir las nubes. Pero las nubes se hacen de las gotitas de agua. Los meteorólogos nombran las nubes por su apariencia y lo alto que se forman en el cielo.

Los Tres Tipos Básicos de Nubes

Has coincidir cada tipo de nube con su descripción.

Estrato

Capas de nubes grises que mantienen o cubren una amplia zona del cielo. Son más anchas que altas. Si se vuelven espesas y oscuras, pueden traer lluvia o nieve.

Nubes Grises

Nubes delgadas que parecen plumas o rizos de pelo blanco. Estas nubes altas se componen de cristales de hielo. Son un signo de aire caliente y húmedo que sube para traer lluvia o nieve en uno o dos días.

Cúmulo

Nubes gruesas y blancas con bases planas. Se parecen al algodón y están cambiando constantemente las formas. Por lo general, señalan buen tiempo. Si se elevan altas y oscurecen, pueden traer clima severo.

¿Cómo Se Forman Las Nubes?

Etiqueta el diagrama para mostrar cómo se forman las nubes.

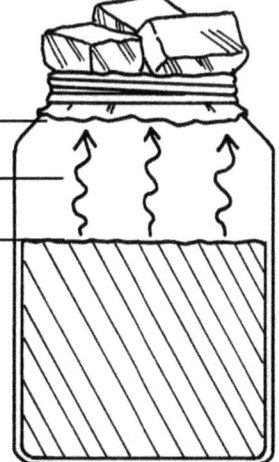

1. El agua caliente se convierte en vapor de agua (evaporación).
2. El vapor de agua se enfría a medida que se eleva.
3. El vapor de agua se convierte en gotas de agua (condensación).

Puedes Hacer una Nube

¿Qué se necesita para hacer una nube? ¡Un día frío! Probablemente has hecho muchas nubes. Sólo abre la boca y sopla. Verás tu aliento, ¡una nube muy pequeña!

Diagrama Tus Nubes

¡Mira hacia el cielo y prueba dar un pronóstico del tiempo! Las nubes te darán pistas. Mantén un diagrama del clima durante una semana. ¡Asegúrate de registrar qué tipo de nubes ves!

BAJA PRESIÓN vs. ALTA PRESIÓN: SESIÓN 3

El viento es aire en movimiento. Cuando la luz solar calienta el suelo, el aire caliente (baja presión) se eleva y el aire más pesado (de alta presión) se acumula para tomar su lugar. Este movimiento del aire es el viento. Cuanto mayor sea la diferencia entre el aire caliente y frío, más fuerte es el viento.

Tabla de Vientos

Puedes estimar cómo el viento rápido sopla por la forma en que las hojas se agitan, el humo sube y las banderas hondean.

Señales	Descripción	*MPH
El humo se eleva hacia arriba. Las banderas ondulan levemente.	Calma	0-1
El humo se deriva ligeramente. Las hojas del árbol apenas se mueven.	Aire Ligero	1-3
El humo sigue el viento. Las hojas se agitan. Los banderines se extienden hasta la mitad del poste. El viento se siente en la cara.	Ligera Brisa	4-7
Las hojas se mueven. Las banderas revolotean.	Brisa	8-12
Las ramas pequeñas se balancean. Banderas de solapa. El polvo y los papeles soplan alrededor.	Brisa Moderada	13-18

Señales	Descripción	*MPH
Las ramas grandes se balancean. Banderas golpean. Los paraguas se vuelven del revés.	Brisa Fuerte	25-31
Los árboles grandes oscilan. Se rompen las ramitas. Las banderas se extienden por completo. Caminar es difícil.	Fuerza de Vendaval	32-46
* Millas por hora		

Seguridad en el Tiempo

Cuando el clima es severo o violento, es importante conocer las reglas de seguridad. Echa un vistazo a las reglas de Seguridad Primero.

Anemómetro

Los meteorólogos usan un instrumento llamado anemómetro para averiguar qué tan rápido el viento sopla. Puedes hacer un simple anemómetro para medir la fuerza del viento. Necesitarás:

- Cuatro vasos de espuma de pol estireno
- Cartón pesado cortado en dos tiras de 4 x 1 pulgadas
- Papel de construcción cortado en una tira de 4 x 6 pulgadas
- Crayones o marcadores
- Cinta adhesiva
- Tijeras
- Clavo largo de cabeza grande
- Lápiz
- Regla

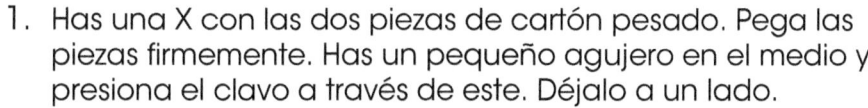

1. Has una X con las dos piezas de cartón pesado. Pega las piezas firmemente. Has un pequeño agujero en el medio y presiona el clavo a través de este. Déjalo a un lado.

2. Colorea uno de los cuatro vasos para que sea diferente de los otros tres vasos incoloros. En cada vaso, corta una ranura de 4 pulgadas de arriba hacia abajo en ambos lados del vaso. Desliza un vaso en cada uno de los brazos de la X hasta una media pulgada del brazo. Asegúrate de que los cuatro vasos estén orientados en la misma dirección.

3. Enrolla el pedazo de papel de construcción alrededor de un lápiz para formar un tubo y tapa el tubo cerrado. Desliza el tubo sobre el clavo y vuelve a girar el anemómetro. Ahora el viento hará que la X gire libremente en el tubo.

4. Cuenta la cantidad de veces que el vaso de color va alrededor en 30 segundos, luego divide ese número por 5. Esto te dará la velocidad del viento en millas por hora. Por ejemplo, si el vaso de color va alrededor de 15 veces en 30 segundos, divide 15 por 5. ¡La velocidad del viento es de 3 millas por hora!

¡ENVUÉLVELO!

1. ¿Cómo puedes usar las habilidades meteorológicas para servir a Dios?

   _____
   _____

2. ¿Cómo puedes utilizar las habilidades meteorológicas para planificar tu día?

   _____
   _____

3. ¿Qué te dice Job 37: 11-12 acerca de Dios?

   _____
   _____

Fecha   Firma del Guía

GIMNASIA

VERSÍCULO BÍBLICO

"Pues aunque el ejercicio físico trae algún provecho, la piedad es útil para todo, ya que incluye una promesa no solo para la vida presente, sino también para la venidera." (1 Timoteo 4:8)

¿Alguna vez has visto los Juegos Olímpicos? Uno de mis deportes favoritos es la competencia de gimnasia femenina y masculina. La altura y la potencia que muestran al voltear, girar y voltear a través de la alfombra es realmente sorprendente. Se necesita un montón de trabajo y mucha práctica para convertirse en un gimnasta olímpico. Muchos de estos atletas han estado entrenando desde que tuvieron tu edad o más joven. ¿Te imaginas dedicar toda tu vida a un propósito u objetivo?

Esto es similar al compromiso que Dios nos pide que le hagamos. Dios quiere que te dediques completamente a Él. En 1 Timoteo 4: 8, recuerda que el entrenamiento para el servicio de Dios es mucho más importante que el entrenamiento para una medalla de oro. El entrenamiento para la piedad incluye cosas como leer tu Biblia, tratar a los demás con respeto, y orar (hablar) a Dios a menudo. Los deportes como la gimnasia son divertidos y deben ser parte de tu vida. Pero, dedicarte a Dios es el entrenamiento más importante que puedes hacer.

SANTIDAD

Qué Puedes Hacer Con Esta Habilidad

La gimnasia te desafiará a hacer cosas que pensabas que parecían difíciles o imposibles. La participación regular en el entrenamiento gimnástico aumentará tu salud física. Además, es divertido aprender algunos movimientos que puedes mostrar a tus amigos y familia.

Requisitos ✓ de Insignia

Elige cuatro de los cinco requisitos a continuación para completar la insignia de Gimnasia.

☐ Recitar las reglas de "Seguridad Primero" para la Gimnasia.
☐ Realizar tres de los ejercicios de estiramiento.

- ☐ Completar dos de los movimientos de gimnasia de cada sesión.
- ☐ Realizar una rutina de gimnasia que involucre cada uno de los movimientos que has aprendido.
- ☐ Encontrar una manera de usar las habilidades de Gimnasia para ministrar a alguien más.

#1 Seguridad

- ■ **Siempre** mirar el entorno antes de realizar un movimiento de gimnasia.
- ■ **Al intentar nuevos movimientos,** entrenar en una superficie suave, como una estera de gimnasia.
- ■ **Siempre** entrenar con un compañero u observador.
- ■ **Nunca** usar equipo de gimnasia sin aprender a usarlo de manera segura.
- ■ **Siempre** usar ropa cómoda y apropiada.

Vestido Como un Campeón

Es importante usar ropa cómoda adecuada para la actividad física. Asegúrate de que tu ropa encaja bien y no es demasiado ancha.

PALABRAS PARA SABER

Estiramiento: Para extender tu cuerpo, brazos o piernas con el fin de aumentar la flexibilidad.

Flexibilidad: La capacidad de doblarse o moverse con toda la amplitud de movimiento.

Becerro: El músculo en la parte trasera de la pierna, debajo de la rodilla.

Músculo Isquiotibial: El músculo en la parte trasera de la pierna, por encima de la rodilla.

Abdominal: La parte de su cuerpo donde se encuentran los músculos del estómago.

Cuadríceps: El músculo en la parte delantera de la pierna, por encima de la rodilla. Los cuádriceps se dividen en cuatro partes y se denominan comúnmente sus músculos del muslo.

¡ESTIRARSE Y MOVER! SESIÓN 1

Antes de comenzar a dar vueltas, voltear y girar, es importante preparar tu cuerpo. Una de las formas en que puedes hacer esto es a través de unos pocos tramos sencillos y varios movimientos básicos. Si piensas que es demasiado duro y no necesitas estirarte, tienes que saber que muchos atletas están lesionados porque no tomaron unos momentos para aumentar su flexibilidad.

Estirar

¿Alguna vez has intentado volar un globo nuevo y te ha resultado difícil? Si tienes experiencia con esta situación, probablemente has aprendido que debes estirar el globo o calentarlo para que se expanda correctamente. Lo mismo ocurre con los músculos. Después de sentarte en la escuela o delante de la televisión, tus músculos se ponen rígidos y fríos. Es por eso que el estiramiento es importante antes de muchas actividades físicas.

Cuatro Reglas

- Calentamiento antes de estirar. Tus músculos están fríos y necesitan prepararse para el estiramiento. Tómese 60 segundos para correr por la habitación o hacer saltos.
- Solo estírese hasta el punto en que sienta un leve tirón. Nunca debes sentir dolor cuando te estiras. NO REBOTES!
- Mantén cada estiramiento durante unos 10-30 segundos. Luego, relájate y repite el mismo estiramiento.
- Siempre estira ambos lados de tu cuerpo de la misma manera y por la misma cantidad de tiempo.

Estiramiento de las Pantorrillas

Coloca las manos en el suelo delante de ti. Retrocede con la pierna derecha y presiona el talón hacia el suelo.
Tiempo: 15 Segundos (cada lado)

Estiramiento Cuadricep

Mantén la pierna izquierda recta mientras doblas tu rodilla derecha. Usa tu mano derecha para agarrar tu tobillo derecho y tira hacia tu espalda.
Tiempo: 15 Segundos (cada lado)

Estiramiento Sentado de la Corva
Extienda la pierna derecha hacia afuera. Flexiona tu pie derecho y dobla tu pierna izquierda (el pie izquierdo debe descansar sobre tu pierna derecha). Inclínate hacia adelante y alcanza tu pie derecho.
Tiempo: 15 Segundos (cada lado)

Estiramiento Abdominal Prono
Acuéstate boca abajo en tu estera deportiva o en el suelo. Apunta los dedos de los pies y coloca las manos debajo de las axilas. Extiende los brazos y empuja (mantén la cabeza en alto).
Tiempo: 5 Segundos (repetir 3 veces)

Básicos de Gimnasias
En la clase de matemáticas aprendes adición y sustracción antes de pasar a temas más difíciles como multiplicación y división. Esto también es cierto en la gimnasia. Primero debe aprender lo que estamos llamando Fundamentos de Gimnasia. Conocer los fundamentos del gimnasio te ayudará a intentar movimientos más difíciles más adelante.

Posición de Tuck
Lleva las rodillas hacia el pecho. Tu cuerpo debe parecer una pelota.

Posición Pike
Dobla tu cintura. Extiende los brazos y sostén los tobillos.

Posición Straddle
De pie con las piernas separadas al ancho de los hombros. De pie con las piernas separadas al ancho de los hombros.

Posición del Diseño
Mantén tu cuerpo directamente de la cabeza a los piesto toe.

MOViMiENTOS Y POSiCiONES: SESiÓN 2

En la gimnasia hay tres tipos básicos de rollos: (1) el rollo delantero, (2) rollo hacia atrás, y (3) rollo de buceo.

El Rollo Delantero
- Comienza en una posición de tuck.
- Levanta los brazos sobre tu cabeza.

- Inclínate hacia adelante hasta que tus manos toquen el piso.
- Coloca la barbilla bajo y contra el pecho.
- Coloca los hombros sobre el tapete.
- Usa tus pies para empujarte.
- Enrolla todo hacia arriba y hacia arriba; Vuelve a la posición de tuck.

Rollo Hacia Atrás
- Comienza en una posición de tuck.
- Coloca las manos con las palmas hacia arriba, los dedos apuntando hacia atrás y los pulgares tocando tu cabeza.
- Coloca la barbilla bajo y contra el pecho.
- Empuja hacia atrás para iniciar el rollo.
- Cuando tu espalda toca el piso, coloca las manos, las palmas de las manos hacia abajo, en el suelo para ayudarte a retroceder. Empuja el resto del camino.
- Termina de pie en la posición de diseño.

Rollo de Buceo
- El rollo de buceo se realiza como el rollo de avance, sin embargo, empieza desde la posición de diseño.
- Desde la posición de diseño, corre hacia adelante y coloca las manos en el suelo.
- Coloca la barbilla bajo y contra el pecho.
- Empuja con los pies.

Puente

- Acuéstate de espaldas en una posición de diseño.
- Mueve los pies hacia la espalda baja. Mantén la parte inferior de los pies en el suelo.
- Mueve las manos para tocar el suelo cerca de tus hombros. Las palmas deben estar boca abajo.
- Levanta el centro de tu cuerpo del suelo. Tu cuerpo estará arqueado. A continuación, vuelve a la posición de diseño.

¡EQUILIBRAR! SESIÓN 3

Trípode

- Comienza en una posición de tuck.
- Coloca los brazos a los lados con las palmas en el suelo.
- Inclínate hacia delante y apoya la cabeza en el suelo.
- Coloca la rodilla derecha sobre el codo derecho. Coloca la rodilla izquierda en el codo izquierdo.
- Balancéate durante tres segundos.
- Volver a la posición de tuck.

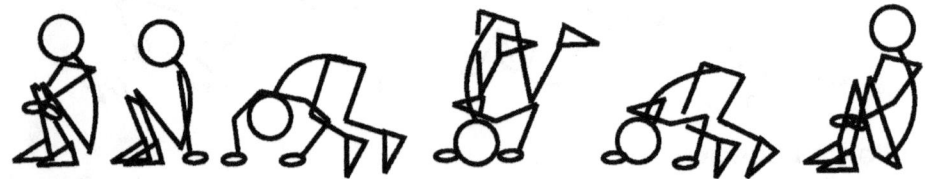

Escala Delantera

- Comenzar en la posición de diseño.
- Levanta una pierna hacia.
- Dobla ligeramente la rodilla mientras te inclinas y tocas el suelo.
- Patea tu pierna para traer tu otra pierna del piso.
- Endereza las piernas.
- Tus brazos, espalda y piernas deben estar rectos. Vuelve a la posición de diseño.

Rueda de Carro
- Comenzar en la posición de diseño.
- Levanta la pierna hacia afuera hacia un lado.
- Dobla las caderas y la rodilla derecha mientras colocas la mano derecha en el suelo.
- Empuja la pierna izquierda del piso a una posición dividida sobre tu cabeza.
- Aterriza tu pierna izquierda en el piso, y luego tu pierna derecha.
- Subir a la posición de diseño.

Parada de Manos
- Probablemente tendrás el mayor éxito si practicas contra una pared mientras estás aprendiendo.
- Coloca tus manos en una alfombra. Deben estar separadas por los hombros. Extiende los dedos para un equilibrio adicional.
- Endereza los brazos mientras mantienes las piernas levantadas, una a la vez. Trata de arquear tu espalda para el equilibrio.
- Mantén la posición de pisada durante tres segundos. Completa el movimiento volviendo a la posición de diseño o moviéndote en un rollo de avance.

1. ¿Cómo te sentiste después de tu proyecto ministerial?
   _____

2. ¿Cuáles son las tres cosas que te ayudarán a crecer espiritualmente?
   - _____
   - _____
   - _____

3. ¿Cómo puedes usar las habilidades de Gimnasia en el futuro para servir a Dios?
   _____
   _____

_____   _____
Fecha   Firma del Guía

EXCURSIONISMO

VERSÍCULO BÍBLICO

"El Señor afirma los pasos del hombre cuando le agrada su modo de vivir; podrá tropezar, pero no caerá, porque el Señor lo sostiene de la mano."(Salmo 37:23-24)

Cuando vas de excursión habrá épocas en las cuales tropezarás. Incluso puedes caerte y golpearte las manos o rodillas. En tu vida espiritual, si eres obediente, Dios promete estar contigo. Puede haber momentos en que los niños te pidan que hagas algo que está mal. Pregúntate: "¿Sería Dios feliz si hago esto?" Si respondes, "No", no deberías hacerlo.

Dios te ama y quiere lo mejor para ti. Él promete cuidarte, incluso si tropiezas. Si le pides perdón, promete perdonarte. Él te ayudará en tus tiempos difíciles. ¿Alguna vez has visto a alguien ayudar a una persona mayor a través de un estacionamiento? Pusieron su mano bajo el brazo de la persona mayor, dándoles apoyo adicional. Así es como Dios te ayudará durante los tiempos difíciles.

EVANGELISMO

Qué Puedes Hacer Con Esta Habilidad

El excursionismo es una actividad divertida. Puedes explorar nuevos lugares y ver cosas nuevas. El excursionismo puede durar unas horas o incluso un día entero. Puede ser una de las mejores actividades que hagas.

Requisitos ✓ de Insignia

Elige cuatro de los cinco requisitos a continuación para completar la insignia de Excursionismo.

- ☐ Identifica tres lugares seguros y apropiados en tu área donde puedan practicar el Excursionismo.
- ☐ Aprender las reglas de seguridad para el senderismo.
- ☐ Reúne todo lo necesario para hacer senderismo.
- ☐ Ir a hacer Excursionismo. El viaje debe durar al menos tres horas.
- ☐ Encontrar una manera de usar las nuevas habilidades de Excursionismo para ministrar a alguien más.

#1 Seguridad

- **Nunca** ir de excursión solo.
- **Siempre** decirle a sus padres u otros adultos a dónde vas.
- **Nunca** hacer cambios. Siempre ir a donde dijiste que ibas.
- **Nunca** correr delante de tu grupo o quedarse atrás.
- **No te apresures.** Tómate tu tiempo y disfruta de la vista.
- **Siempre** busca los posibles peligros.
- **Siempre** toma descansos. Asegúrate de que todos estén presentes.
- **Siempre** llevar agua en la caminata.
- **Nunca** ingresar en la propiedad marcada como "Privada", "Manténgase fuera", "Sin infracción" o "Condena".

PALABRAS PARA SABER

Pausa: Para llevar un nuevo artículo de ropa (como botas) antes de un evento para hacerlo más cómodo.

Botella: Contenedor de metal o plástico utilizado para transportar agua potable.

Brújula: Una herramienta que usa el campo magnético de la tierra para determinar el Norte. Se utiliza para encontrar la dirección.

Plan de Caminata: El plan para un viaje de senderismo. Explica los detalles de un viaje.

Marcador: Un signo o marca para ayudar a saber dónde se encuentra el sendero.

Acolchado de Moleskin: Un relleno suave que se adhiere a tu piel. Ayuda a amortiguar contra las ampollas.

Rastro: Un camino marcado correctamente para ir de excursión.

PREPARACIÓN: SESIÓN 1

El excursionismo es un gran ejercicio. También es una gran manera de ver el aire libre. ¡Quién sabe! ¡Puedes ver un ciervo, un pájaro inusual, o simplemente llegar a ver la naturaleza de primera mano!

Algunas caminatas duran unas horas, y algunas duran un día entero o más. Si aprendes las habilidades en esta insignia, tendrás un buen comienzo para hacer del excursionismo un hobby.

¿A Dónde Voy?

Puedes caminar casi en cualquier lugar: los bosques, la ciudad, incluso un parque local. Echa un vistazo a estas ubicaciones en tu área:

- La Ciudad. Excursionismo de Ciudad, se puede hacer en un parque, en el zoológico, o simplemente mirando alrededor de la ciudad. Asegúrate de evitar áreas de construcción, callejones, territorios de pandillas y carreteras.

  Los museos, galerías de arte y sitios históricos son excelentes lugares para visitar. Asegúrate de llamar antes de ir. Puede haber cargos de admisión u horas específicas para los visitantes.

- El País o Bosques. Las granjas, los parques o un bosque nacional ofrecen muchas oportunidades para caminar. Mantente en los senderos marcados, y no entres en las áreas que dicen, "Sin infracción" o "Propiedad privada".

  Siempre trata de salir de la zona mejor de lo que la encontraste. Recoge cualquier basura. Lleva toda tu basura contigo. Asegúrate de tener un mapa.

¿Qué Debo Tomar?

Hay algunas cosas que siempre tendrás que llevar en una caminata. Algunas cosas dependerán de:
1. ¿Cuánto dura la caminata?
2. ¿A dónde vas?

Siempre Ten Contigo:
___ Mochila
___ Botas
___ Agua Potable
___ Calcetines Extra
___ Mapa
___ Comida/Almuerzo
___ Lapiz/pluma y papel
___ Botiquín de primeros auxilios
___ Bolsa de plástico para la basura
___ Impermeable o poncho

Equipamiento Opcional:

___ Repelente de insectos
___ Cámara
___ Cambio para un celular (o un teléfono celular)
___ Ropa Extra
___ Linterna
___ Sombrero o Visera
___ Cuchillo
___ Cuerda
___ Gafas de Sol
___ Protector Solar
___ Silbido para Emergencias

TRAER UN PLAN: SESIÓN 2

Ropa Apropiada

La ropa apropiada dependerá del clima y del lugar donde estés de excursión. Toma gafas de sol, protector solar, y un sombrero cuando el clima sea caliente y soleado. Lleva una chaqueta, mitones, y capa cuando el clima sea frío y nevoso.

Aquí hay algunos consejos para ayudarte a elegir la ropa.

- Los pantalones largos o jeans son mejores que los pantalones cortos para ayudar a proteger tus piernas de las ramas y las espinas.
- Si estás de excursión en las montañas, siempre toma una chaqueta no importa cómo sea el clima cerca de la parte inferior.
- Si tienes preguntas sobre ropa, pregúntale a un adulto que haya ido de excursión.

Zapatos

Puedes usar zapatos tenis para el excursionismo. Pero si vas de excursión a menudo, puedes desear comprar un par de botas. Las botas son buenas para el suelo más áspero. Usa tus botas durante dos semanas antes de tu caminata. Las botas deben encajar bien. Debe haber espacio suficiente para que menees los dedos de los pies. También deben abrazar tu arco y el talón para el apoyo. Tus botas también deben ser impermeables, pero no de goma.

Combatiendo las Ampollas

Paso 1: Asegúrate de que tus botas encajan correctamente.
Paso 2: Siempre "usa" tus botas. Nunca uses botas o zapatos nuevos en un viaje de excursión.
Paso 3: Detente tan pronto como sientas algo frotándote. Utiliza moleskin para ayudar a amortiguar el punto dolorido.
Paso 4: Lleva calcetines que quitan la humedad de tus pies. No uses calcetines de algodón.

TOMANDO UNA CAMINATA: SESIÓN 3

Plan de Caminata

¿Cuándo iré?   ¿Cuándo regresaré?
¿A dónde voy?   ¿Hasta dónde voy a caminar?
¿Qué ruta tomaré?   ¿Cómo voy a regresar
                                (caminando o en un coche)?

¿Quién irá conmigo?
¿Qué hay que ver o hacer en esta caminata?
¿Necesitaré permiso para caminar allí?
¿Qué necesitaré?
¿Qué ropa usaré?
¿Cuánta agua necesitaré?
¿Qué tipo de comida necesito y cuánto?
¿Tengo permiso de mis padres?

Cómo Evitar Estar Perdido

Estar perdido en el bosque da miedo. Usando estas habilidades simples puedes sobrevivir e incluso evitar estar perdido.

- Diles a los demás a dónde vas y cuándo planeas regresar. No vayas a ningún otro sitio.
- Siempre lleva a un amigo.
- Mantente en los senderos marcados. Irse de los senderos marcados es a menudo prohibido, y hacer esto hace más fácil para que te pierdas.
- Permanece con tu grupo. No camines delante o atrás.
- Si estás perdido, deja de caminar. Siéntate y ora por la ayuda de Dios. Luego grita tan fuerte como puedas por ayuda. No camines, porque sólo te perderás más.

¡ENVUÉLVELO!

1. ¿Cómo te sentiste después de tu proyecto ministerial?
   _____

2. ¿Cómo puede Dios usar tus habilidades de Excursionismo en el futuro?
   _____
   _____

3. Sabemos que Dios ayuda a los que le siguen. ¿Cómo te ha animado el Salmo 37:23-24?
   _____
   _____

_____   _____
Fecha   Firma del Guía

APTITUD FÍSICA

VERSÍCULO BÍBLICO
"¡Te alabo porque soy una creación admirable! ¡Tus obras son maravillosas, y esto lo sé muy bien!" (Salmo 139:14)

Dios creó nuestros cuerpos, y Él espera que nosotros cuidemos de ellos. Dios nos ha dado la habilidad física para hacer muchas cosas maravillosas. Es nuestra responsabilidad mantener nuestros cuerpos sanos y en forma física.

SANTIDAD

Qué Puedes Hacer Con Esta Habilidad

¡El ejercicio es divertido! Mantiene tu cuerpo y mente sanos. Si haces ejercicio, tendrás más energía y tus músculos serán más fuertes. Tu corazón y tus pulmones funcionarán mejor. Puedes mantener tu peso adecuado más fácilmente. Tu cuerpo puede luchar contra los gérmenes. Estarás más alerta. Estarás más relajado, y dormirás mejor.

Cuando cuidas tu cuerpo, honras a Dios. Agradece a Dios por crearte.

Requisitos ✓ de Insignia

Elige cuatro de los cinco requisitos a continuación para completar la insignia de Aptitud Física.

- ☐ Contar cuatro maneras de mantenerse saludable.
- ☐ Decir seis acciones que pueden dañar el cuerpo.
- ☐ Demostrar cinco ejercicios de flexibilidad, dos ejercicios de fuerza y tres ejercicios de resistencia.
- ☐ Utilizar un cuadro de aptitud física para registrar las actividades durante una semana.
- ☐ Encontrar una manera de usar las habilidades de aptitud física para ministrar a otra persona.

Seguridad #1

- Dale calentamiento adecuado a los músculos estirando de 5 a 10 minutos antes de hacer ejercicio o practicar un deporte.
- Usar ropa suelta, preferiblemente de algodón.
- No hacer ejercicio durante mucho tiempo en condiciones extremas de calor.
- No hacer ejercicio si sientes mareos, desmayos o náuseas.
- Beber mucha agua después de hacer ejercicio para reemplazar los líquidos perdidos por la sudoración.

PALABRAS PARA SABER

Aptitud Física: El estado de estar en buena salud como resultado del ejercicio y una dieta nutritiva.

Inmunización: Protección contra una enfermedad usualmente dada en forma de inyección.

Flexibilidad: La capacidad de doblar y estirar los músculos en una amplia gama de movimiento.

Resistencia: La capacidad de un músculo para repetir el mismo movimiento.

CUESTIONES DE SALUD: SESIÓN 1

La buena salud es importante. No puedes estar físicamente en forma si no estás sano. Aquí hay cosas que debes hacer. Descifra las letras y completa las oraciones.

Obtén suficiente _____ cada noche. (ueños)

Come los alimentos _____. (rrtocoecs)

Practica la _____ personal. (enegihi)

Ver al _____ y _____ regularmente.
(torcod) (tensidta)

Los médicos pueden evitar que contraigas algunas enfermedades. Los médicos pueden darte una vacuna. Una inmunización suele ser una inyección. De niño deberías haber recibido una vacuna llamada "DPT". Protege contra la difteria, el tétanos y la tos ferina. También deberías haber recibido una vacuna contra la polio y una vacuna llamada "MMR". Te protege de las paperas, el sarampión y la rubéola (sarampión alemán). Hace muchos años muchos niños murieron a causa de estas enfermedades. Con la ayuda de tu médico, puedes evitar estas enfermedades.

Hay algunas cosas que la gente hace que destruyen la buena salud. Aquí hay algunas cosas que te harán daño. Algunas de ellas pueden matarte.

1. Comer en exceso
2. Comer los tipos de alimentos incorrectos
3. Fumar o usar otras formas de tabaco
4. Beber alcohol
5. Uso de drogas ilegales
6. No hacer suficiente ejercicio

Encuentra estas palabras que se relacionan con la salud en la búsqueda de palabras a continuación

alcohol   inmunización   droga   dormir
dentista comer demasiado   ejercicio fumar
doctor   correcto   higiene   incorrecto

f	a	l	c	d	h	i	g	i	e	n	e	n	i
t	l	r	e	g	n	r	e	ó	h	l	t	c	n
n	c	y	j	u	b	m	d	f	u	m	a	r	c
c	o	m	e	r	d	e	m	a	s	i	a	d	o
o	h	g	r	ó	c	f	g	d	n	r	b	r	r
r	o	l	c	h	l	t	u	o	e	d	m	o	r
r	l	e	i	f	ó	b	r	c	h	n	l	g	e
e	m	f	c	e	d	e	n	t	i	s	t	a	c
c	n	g	i	d	l	m	b	o	t	g	y	c	t
t	u	d	o	r	m	i	r	r	d	h	f	t	o
o	i	n	m	u	n	i	z	a	c	i	ó	n	l

MOVIMIENTOS INTELIGENTES: SESIÓN 2

La aptitud física incluye tres tipos de ejercicios.

1. **Flexibilidad.** Estos son ejercicios que incluyen flexión, giro y torsión. Aquí algunos ejercicios para probar.

   Toca el dedo del pie. Párate con los pies ligeramente separados y los brazos sobre la cabeza. Sin doblar las rodillas, acércate y toca los dedos de los pies. Endereza los brazos en el aire. Repetir. Cuenta uno en cada toque.

   Curvatura de rodilla. Párate con los pies separados y los brazos sujetados directamente al frente. Acuéstate, descansando sobre tus pies y manteniendo tus brazos rectos; Levántate a una posición de pie.

   Curva lateral. Párate derecho con tu brazo derecho en su lado y el brazo izquierdo curvado sobre tu cabeza. Inclínate hacia tu lado derecho tanto como puedas. Levántate y repite de nuevo, inclinándote hacia la izquierda con el brazo derecho hacia arriba. Repite, cambiando los lados y los brazos cada vez. Cuenta uno por cada curva.

   Molinos de viento. Párate con los pies separados y los brazos hacia fuera de tus lados. Has círculos hacia atrás con ambos brazos al mismo tiempo. Luego has círculos hacia delante. Cuenta uno para cada círculo completo, haciendo la mitad de tus molinos de viento hacia adelante y la mitad de ellos hacia atrás.

Elevaciones de la pierna. Acuéstate en el piso con los brazos hacia fuera en tus lados y las piernas separadas. Levanta una pierna al aire y crúzala sobre la otra pierna, bajándola hasta que el pie toque el piso. Repite, usando la otra pierna y cambiando las piernas cada vez. Cuenta uno para cada levantamiento de pierna.

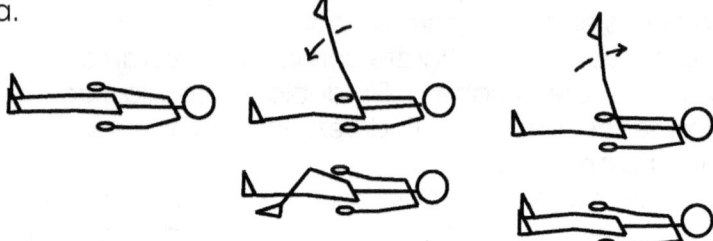

2. **Resistencia.** Estos son ejercicios que incluyen ciclismo, correr y nadar.
3. **Fuerza.** Estos ejercicios incluyen flexiones, abdominales y ejercicios con pesas. Aquí hay algunos ejercicios que puedes probar.

Levantamientos. Acuéstate de espaldas con las rodillas dobladas, los pies planos sobre el suelo y las manos detrás de la cabeza. Sin mover los pies, levanta la parte superior del cuerpo hasta que estés sentado. Acuéstate de nuevo. Repetir. Cuenta uno por cada sentada.

Flexiones modificadas. Acuéstate boca abajo en el suelo. Coloca las manos en el piso. Tus pulgares estarán cerca de tu pecho y tus codos se doblarán. Dobla las rodillas y cruza las piernas en los tobillos. Empuja tu cuerpo hacia arriba. Mantén las rodillas, las caderas y la cabeza en línea recta. Dobla los brazos para bajar el pecho al suelo. Cuenta uno cada vez que empujes tu cuerpo hacia arriba. Se permite descansar entre flexiones.

HAZLO UN HÁBITO: SESIÓN 3
Grado de Aptitud Física

Completa esta tabla por lo que hiciste en la semana pasada. Has un gráfico similar para la próxima semana. Compara los resultados.

Grado de Aptitud Física

	Dom.	Lun.	Mar.	Mier.	Juev.	Vier.	Saba.
Comí tres comidas saludables							
Dormí 8-10 horas							
Baño							
Evité las drogas ilegales, el alcohol, el tabaco u otros productos similaress							
Ejercicio físico durante al menos 20 minutos							
Ejercicio mental leyendo un buen libro							

¡ENVUÉLVELO!

1. ¿Qué aprendiste del proyecto ministerial?
   _____

2. ¿De qué maneras puedes servir a Dios cuando te mantienes físicamente en forma?
   _____
   _____

3. ¿Cómo puedes usar las habilidades de Aptitud Física en el futuro?
   _____
   _____

4. ¿Qué te dice el Salmo 139: 14 acerca de tu cuerpo?
   _____

_____　　　　_____
Fecha　　　　　　　　　　　　Firma del Guía

DEPORTES DE NIEVE

VERSÍCULO BÍBLICO

"Manténganse alerta; permanezcan firmes en la fe; sean valientes y fuertes." (1 Corintios 16:13)

Recuerdo la primera vez que estuve en la cima de una colina de diamantes negros. Parecía que estaba en el borde de un acantilado, no en la cima de una pista de esquí. Mi estómago empezó a girar, pero sabía que sólo había un camino hacia abajo. Por lo tanto, respiré profundamente (afortunadamente no la última) y me dirigí por el terreno cubierto de nieve. Tejiendo, corriendo y ocasionalmente cayendo, finalmente llegué al fondo. Unos pocos golpes y moretones, sin duda me sentiría mal más tarde, pero había logrado lo que pensaba que parecía una tarea imposible.

Te enfrentas a desafíos todos los días. Y, por desgracia, muchos de tus desafíos son mucho más difíciles que esquiar un diamante negro. Sin embargo, contarles a otros acerca de Jesús y vivir una vida cristiana puede ser un desafío que podemos enfrentar con confianza. En 1 Corintios 16:13, Pablo recuerda a los cristianos de Corinto que fueran fuertes, valientes y firmes en su fe. Pablo alienta a los Corintios con estas palabras porque sabe que Dios es la fuente de su fuerza y valor.

Dios puede ser la fuente de tu coraje también. Mientras vives tu vida por Dios, Él está contigo, dándote la fuerza y el coraje que necesitas para permanecer firme.

EVANGELISMO

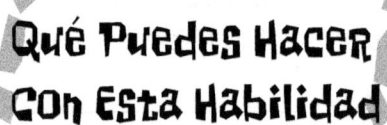

Esquí y snowboard (la tabla para nieve) son grandes deportes de invierno. Durante las temporadas de invierno, mucha gente cierra sus puertas, sube el calor y se queda dentro. Sin embargo, el esquí y el snowboard pueden proporcionarte horas de diversión al aire libre y ejercicio.

Requisitos ✓ de Insignia

Elige cuatro de los cinco requisitos a continuación para completar la insignia de Deportes de Nieve.

- ☐ Nombrar los diferentes niveles de dificultad para una pista de esquí y explicar lo que significa cada símbolo.
- ☐ Decir cómo vestirse apropiadamente para los Deportes de Nieve.
- ☐ Recitar consejos de seguridad y primeros auxilios para Deportes de Nieve.
- ☐ Participar en un curso de instrucción de esquí o snowboard.
- ☐ Encontrar una manera de usar las habilidades de Deportes de Nieve para ministrar a alguien más.

Física

#1 Seguridad

- ■ **Siempre** practica esquí o snowboard en pareja.
- ■ **Conocer tus límites.** Sólo practica esquí o snowboard en las montañas que son adecuados a tu nivel de experiencia.
- ■ **Nunca** practiques esquí fuera de la pista. Si una señal dice MANTENGASE ALEJADO, entonces ¡MANTENTE ALEJADO!
- ■ **Siempre** usar un silbato. Si tienes un accidente y no puedes moverte, un silbato ayudará a los trabajadores de rescate a localizarte.
- ■ **¡Usa tu cerebro!** La mayoría de los accidentes de esquí y snowboard se pueden prevenir mediante el uso del sentido común.

¿Cuán Difícil Puede Ser?

Aunque algunos centros utilizarán signos alternativos, la mayoría de los centros de esquí y embarque de los Estados Unidos utilizan un sistema unificado para clasificar el nivel de dificultad de cada sendero.

○ Circulo Verde = sendero para principiantes

☐ Cuadrado Azul = sendero intermedio

◇ Diamante Negro = sendero avanzado (Algunas grandes montañas tienen diamantes dobles negros)

⬭ Ovalo Naranja = parque estilo libre (Esta área incluye conductos, rampas y saltos.)

PALABRAS PARA SABER

Ticket de Ascensor: Un billete que te permite tener acceso a los diferentes senderos en una estación de esquí.

Telesilla: Una silla unida a un carril que te lleva a la cima de la montaña.

Barra en T: Las barras en T son similares a las cuerdas de remolque. Cada barra T tiene capacidad para dos pasajeros y te llevará hasta la montaña.

Mapa de Rastro: Esto muestra el diseño de la montaña. El mapa de ruta te permitirá saber dónde se encuentran los senderos para principiantes, intermedios y avanzados.

¡JUEGA INTELIGENTE! SESIÓN 1

Para la mayoría de la gente, los esquís y snowboards no se utilizan para el transporte diario. Por lo tanto, esta habilidad no viene naturalmente. Debes pensar cuidadosamente sobre cómo actuar, moverte y vestir cuando uses el snowboard. En esta sesión, aprenderás cosas importantes para ayudarte a disfrutar de este deporte y estar a salvo.

Tus Modales

Siempre que uses esquí o snowboard, debes recordarle a la mente tus modales. Debido a que las montañas a menudo están llenas de gente haciendo recorriendo senderos por cada sendero, seguir un conjunto de directrices mantiene a todos a salvo. Seis normas comunes para el esquí y el snowboard:

Los Seis Seguros

- **¡Mantente siempre en control!** Ser capaz de detener o evitar a otras personas u objetos.
- **Las personas que tienes delante tienen el derecho de paso.** Es tu responsabilidad evitarlos.
- **No te detengas** si estás en medio de un rastro o no eres visible desde arriba.
- **Mira siempre cuesta arriba** y cede el paso a los demás, al unirte a un nuevo sendero.
- **Recuerda observar** todas las señales y advertencias publicadas. Están allí para la protección de todos.
- **Antes de subir a un ascensor,** debes poder cargar y descargar correctamente.

¡Exagerar! Vestido en Capas

Cuando combinas tu ropa, te permite añadir y arrojar capas según sea necesario. La temperatura y tu nivel de actividad probablemente fluctúan durante un día en la montaña. Aquí hay algunas pautas importantes para recordar.

1. Hay tres capas principales:

   Interior: Consiste en ropa interior larga, calcetines, y una camiseta de manga larga. Usa sintéticos porque la lana y el algodón tienden a atrapar la humedad.

   Aislamiento: La capa media debe mantener tu cuerpo caliente. Debes ser capaz de eliminarla a medida que sube la temperatura. Trata de evitar el algodón. En su lugar, usa vellón o lana.

   Exterior: Pantalones y chaqueta a prueba de viento e impermeables. Una buena chaqueta para la nieve y pantalones te mantendrán seco.

2. Usa un sombrero. Gran parte de tu calor corporal escapará a través de tu cabeza. Mantén la cabeza y el cuerpo calientes con un sombrero.

3. Tus dedos serán una de las primeras partes del cuerpo que se enfrían. Usa guantes que tengan un aislamiento interno y una cubierta exterior impermeable.

4. Las gafas mantienen la nieve y otros elementos alejados de tus ojos. Los necesitarás para ver claramente.

5. Las botas varían dependiendo de si estás esquiando o estás usando el snowboard. Sin embargo, es importante tener un par de botas que mantendrán los pies calientes.

6. Lleva los artículos que sean delgados, pero que te mantengan caliente. Recuerda que estarás muy activo mientras estás en la pista. Una parka grande puede mantenerte caliente, pero también te impedirá moverte. Hay mucha ropa que puede ser caliente y delgada.

¡¡¡¡¡Ayuda!!!!!

Los accidentes pueden ocurrir mientras te estás divirtiendo en la nieve. Si estás preparado, sabrás cómo reaccionar y minimizar el daño a la persona lesionada. Esto es lo que debes hacer si te encuentras con un esquiador o un snowboarder herido.

- Planta tu snowboard junto a la víctima. Esto advertirá a otros del incidente y marcará la ubicación.

- Llama al servicio de rescate. Utiliza tu silbato para pedir ayuda, o envía a alguien para obtener ayuda. Trata de no dejar a la persona herida sola.
- Mantén a la víctima caliente. Quítale el esquí o snowboard pero no sus botas.
- Si está inconsciente, trata de mover a la persona lesionada a tu lado.

EQUIPAMIENTO: SESIÓN 2

Soy un Esquiador

Chaqueta:
Talla: _____

Pantalones de Nieve:
Talla: _____

Esquís:
Descripción:
_____
_____
Longitud: _____

Polos:
Longitud: _____

Botas:
Talla: _____

Gafas:
Descripción:
_____
_____

Guantes:
Descripción:
_____
_____

Soy Snowboarder

Snowboard:
Descripción:
_____
_____
Longitud: _____
Ancho: _____

Chaqueta:
Talla: _____

Botas:
Talla: _____

Pantalones
Longitud: _____

Goggles:
Descripción:
_____
_____

¡LA BASE DE LA MONTAÑA! SESIÓN 3

Subir la montaña es una parte esencial del esquí o el snowboard. Estos son algunos de los dispositivos que la gente usa para llegar a la cima de la montaña.

NOTA: Los remontes varían dependiendo del complejo. Si no estás seguro de cómo entrar y salir de un ascensor, pide ayuda. Aquí hay algunas pautas útiles.

Barras en T

- Asegúrate de que estás en una colina adecuada para tu nivel de habilidad.
- Pide ayuda si la necesitas.
- En una barra en T, tus esquíes se deslizan a lo largo de la nieve mientras te suben la montaña.
- Las barras T suelen acomodar a dos esquiadores.
- Coloca los polos en la mano más alejada de la barra central.
- Entra en el área de carga y apunta tus esquís a la montaña
- Deja que la barra se apoye en la parte superior de tus piernas (¡NO TE SIENTES!) Mantén las piernas flexionadas y sostén la parte "T" con tu mano interior.
- Para descargar, permite que la persona externa salga primero.

Telesilla

- Asegúrate de que está sen una colina adecuada para tu nivel de habilidad.
- Pide ayuda si la necesitas. Es posible que desees pedir a la operadora de ascensor que disminuya la velocidad del telesilla.
- Entra en el área de carga y coloca tus esquís para que apunten hacia arriba de la colina.
- Sostén los postes en tu mano exterior.
- Utiliza tu mano libre para sentir la silla, y mira por encima de tu hombro.

- Cuando el ascensor se acerque, deja que suba detrás de ti, luego siéntate.
- Si el elevador tiene una barra de seguridad, tira de la barra hacia abajo. Si no tienes una barra de seguridad, siéntate en tu asiento. **(No balancees las piernas ni dejes caer objetos del ascensor.)**
- Para descargar, levanta la barra de seguridad y levanta las puntas de tus esquís. Cuando los esquís toquen la rampa de descenso, levántate y aleja la silla.

¡Vaya! ¡Me caí!

Practica los siguientes pasos para saber cómo levantarte, después de caer.

- Asegúrate de no estar lesionado.
- Acuéstate de lado y coloca tus esquís hacia abajo desde tu cuerpo y a través de la pendiente.
- Trae las rodillas apretadas a tu cuerpo.
- Coloca tus polos juntos y siembralos en el suelo (cerca de tus caderas).
- Usa tus postes para ayudarte a levantarte lentamente. Camina con las manos por los postes mientras empiezas a ponerte de pie.

Escuela de Esquí y Snowboard:

Nombra tres cosas que aprendiste en la escuela de esquí o snowboard.

1. _____
2. _____
3. _____

¿Cuántas veces caíste? _____

¿Qué es algo que no pudiste hacer al principio del día que pudiste hacer al final del día?

_____

_____

¿Cuál fue tu cosa favorita sobre el esquí o el snowboard?
___
___

¿Qué es lo que menos te gustó del esquí o de snowboard?
___
___

¡ENVUÉLVELO!

1. ¿Qué aprendiste participando en un proyecto ministerial?
   ___

2. ¿Cómo puedes usar tus habilidades de deportes de nieve en el futuro para servir a Dios?
   ___
   ___

3. ¿Qué te dice 1 Corintios 16:13 acerca de ser Cristiano?
   ___
   ___

___
Fecha

___
Firma del Guía

NADANDO

VERSÍCULO BÍBLICO

"Porque el Señor tu Dios te conduce a una tierra buena: tierra de arroyos y de fuentes de agua." (Deuteronomio 8:7a)

Dios provee muchos recursos naturales para que podamos disfrutarlos. Ya sea en un río, un lago, un océano o una piscina, el agua es uno de los recursos naturales más importantes y uno de los más agradables de usar.

EVANGELISMO

Qué Puedes Hacer Con Esta Habilidad

¡Nadar es divertido! Es una buena manera de refrescarse en un día caluroso. También es una buena manera de hacer ejercicio. Cuando nadas, usas más músculos que cuando haces cualquier otro ejercicio o deporte.

Aunque, la natación puede ser peligrosa, es una de las habilidades de salvamento más importantes que puedas aprender. ¡Siempre sigue las reglas de seguridad!

Requisitos ✓ de Insignia

Elige cuatro de los cinco requisitos a continuación para completar la insignia de Nadando.

☐ Decir ocho reglas de seguridad para nadar.

☐ Demostrar qué hacer si alguien cae en el agua.

☐ Demostrar retener la respiración bajo el agua, flotar y nadar.

☐ Demostrar una técnica básica de buceo. (Ganar el Certificado de Inicio de la Cruz Roja en lugar de los requisitos 3 y 4.)

☐ Encontrar una manera de usar habilidades de natación para completar un proyecto de ministerio.

Seguridad #1

- **Nunca** nadar solo o poco después de comer.
- **Nunca** hundir ni sujetar a otra persona bajo el agua.
- **Nunca** correr por el lado de la piscina.
- **Nunca** bucear en el agua a menos que sepas lo profundo que es.
- **Nunca** saltar al agua cerca de otros nadadores.
- **Nunca** nadar sin un salvavidas o un adulto al cuidado tuyo.
- **Nunca** nadar o bucear si un letrero dice "NO NADAR" o "NO HACER BUCEO".

PALABRAS PARA SABER

Salvavidas: Alguien que está entrenado para salvar a los nadadores cuando están en peligro.

Chaleco Salvavidas: Un chaleco usado para mantener a una persona a flote en el agua.

Preservador de Vida: Un anillo usado para mantener a una persona a flote en el agua.

Boca Abajo: Permanecer plano o boca abajo.

Flotador: Para descansar en el agua.

Deslizar: Para moverse con suavidad y facilidad.

Gatear: Un estilo de natación boca abajo en el que los brazos y las piernas son utilizados.

Espalda: Un estilo de natación hecho mientras está acostado en la espalda.

FLOTAR, PLANEAR Y PATEAR: SESIÓN 1

Mantén tu respiración bajo el agua.

Puedes practicar en una piscina o en casa. Para practicar en una piscina, húndete en el agua. Sostén las manos de tu amigo. Inclínate hasta que estés completamente debajo del agua. Cuenta hasta 10 en tu mente. Recuerda, no trates de respirar bajo el agua. Levántate y deja que tu amigo intente lo mismo.

Para practicar en casa, haz correr el agua en un fregadero. Coloca tu cara en el agua y cuenta hasta 10 en tu mente. **NO PRACTICAR SOLO.**

El Flotador Prone

Sostén las manos de tu amigo. Acuéstate con tu cara en el agua. Practica hasta que puedas soltar las manos de tu amigo y flotar.

El Flotador Flotante Prone

Ponte de pie en el agua hasta la cintura. Toma un respiro. Inclínate hacia adelante en la posición de flotación inclinada y empuja con los pies. Debes ser capaz de ir unos 10 pies.

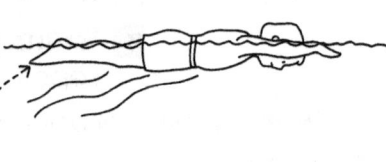

Aprende el flotador trasero

Ponte en el agua hasta la cintura. Dobla las rodillas como si estuvieras sentado en una silla. Inclínate hacia atrás hasta que la parte posterior de tu cabeza esté en el agua. Estira las manos a un lado. Relájate y tu cuerpo flotará suavemente en el agua. Es posible que necesites a tu amigo para ayudarte a apoyar tus hombros al principio.

El Glide trasero

Inclínate hacia atrás en la posición de flotador trasero. A medida que te inclinas hacia atrás, empuja suavemente con los pies. Debes ser capaz de ir alrededor de 5 pies.

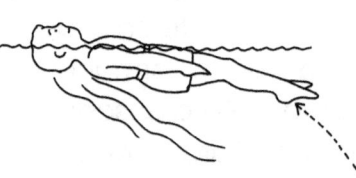

La patada de deslizamiento Prone

Inclínate hacia adelante en la posición de deslizamiento propensos. Cuando comiences a deslizarte, patea las piernas hacia arriba y hacia abajo en el agua. Tus piernas deben estar rectas pero no rígidas. Tus pies no deben hacer un chapoteo grande saliendo del agua.

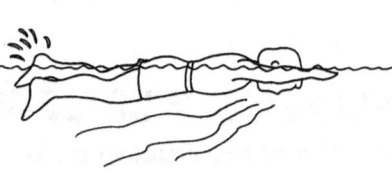

El retroceso del retroceso

Inclínate hacia atrás en la posición de deslizamiento posterior. Patea tus piernas hacia arriba y hacia abajo mientras te deslizas. Tus piernas no deben salpicar el agua.

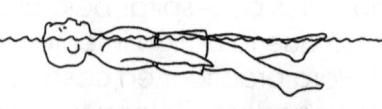

HACER EL GATEO Y DE ESPALDA: SESIÓN 2

El Movimiento de Arrastre
Esto requiere que combines tres movimientos diferentes. Inclínate hacia adelante en la posición de deslizamiento propensos. Patea los pies y mueve los brazos. Asegúrate de que tus manos están ahuecadas y tus dedos están juntos.

De Espalda
Inclínate hacia atrás en la posición de retroceso. Esta vez usa tus brazos para empujar el agua hacia abajo hacia tus pies.

Gira Mientras Estás Nadando
Una vez que aprendas a nadar sobre la espalda y el estómago, será fácil girar. Simplemente bracea en la dirección que deseas ir. Gira tu cuerpo en esa dirección y tira del agua hacia ti.

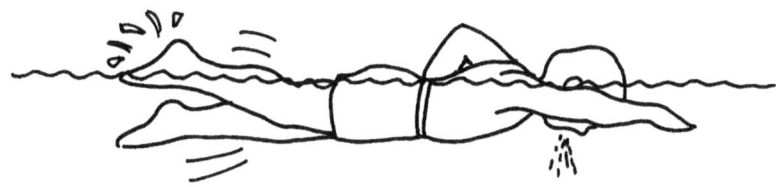

DAR EL PASO DECISIVO: SESIÓN 3

Un simple buceo
Párate en el borde de la piscina y agarra el borde con los dedos del pie. Levanta los brazos e inclínate hacia adelante. Deberías ir de cabeza primero. Si levantas la cabeza, aterrizarás en plano sobre tu estómago. (¡Eso puede doler!) Una vez que estés en el agua, levanta tu cabeza y nada hacia la superficie.

1. ¿De qué maneras puedes servir a Dios aprendiendo a nadar?
   _____
   _____

2. ¿Cómo puedes usar las habilidades de natación en el futuro?
   _____
   _____

3. ¿Qué dice Deuteronomio 8: 7 acerca de cómo Dios cuidó a los Israelitas después de su largo viaje en el desierto?
   _____
   _____

4. ¿Por qué el agua es una de las bendiciones de Dios?
   _____
   _____

_____   _____
Fecha   Firma del Guía

MEMORIA BIBLICA

VERSÍCULO BÍBLICO
"En mi corazón atesoro tus dichos para no pecar contra ti." (Salmo 119:11)

Jesús nos dio muchos grandes ejemplos de cómo vivir. Jesús conocía las Escrituras y a menudo las citaba. Si Jesús era feliz, solitario o tentado, tenía Escrituras para ayudarlo. Memorizar los versículos bíblicos también pueden ayudarte. Los versículos de la Biblia que memorizas hoy pueden ayudarte a elegir el camino de Dios en el futuro.

EVANGELISMO

¿Qué Puedes Hacer Con Esta Habilidad?

Aprender maneras divertidas de memorizar versículos de la Biblia es una gran habilidad para tu vida. Este conocimiento puede ayudarte a acercarte más a Dios. También puedes servir a otras personas enseñando a los niños más pequeños cómo aprender versículos bíblicos. La gente toma nota cuando citas un versículo de la Biblia. ¡Lo mejor de todo, conocer versículos de la Biblia puede ayudarte a decirle a otras personas acerca de Jesús!

Espiritual

Requisitos ✓ de Insignia

Elige cuatro de los cinco requisitos a continuación para completar la insignia de Memoria Bíblica..

☐ Decir por lo menos tres métodos diferentes para memorizar un versículo bíblico.

☐ Memorizar un total de tres versos y sus referencias.

☐ Aprender lo que dice la Biblia acerca de la importancia de memorizar versículos bíblicos.

☐ Participar en al menos dos métodos diferentes de memorizar versículos bíblicos.

☐ Encontrar una manera de usar las habilidades de la memoria bíblica para ministrar a alguien más.

PALABRAS PARA SABER

Hay tres versículos principales de memoria que aprenderá. Aquí hay algunas definiciones para ayudarte.

Palabra: La Palabra de Dios, la Biblia

Corazón: El centro de quien eres.

Pecado: Desobedecer a Dios. Pecamos cuando hacemos algo que Dios dijo que no hiciéramos o faltamos en hacer algo que Dios nos dijo hacer.

Hijo: Hijo de Dios, Jesús

Creer: Aceptar la Palabra de Dios como verdad y hacerla una parte de tu vida.

Padecer: Morir espiritualmente, separarse de Dios para siempre.

Eterno: Sin fin

APRENDIENDO LA ESCRITURA CON MIS OJOS: SESIÓN 1

Hay muchas formas divertidas de aprender versículos bíblicos. Escribe el versículo que aprendiste: _____
_____
_____

Espiritual

¿Qué actividad has hecho para ayudarte a aprender ese versículo? _____
_____

Jesús se enfrentó a la tentación como nosotros. ¿Qué hizo Jesús cuando se enfrentó a la tentación? _____
_____

Crea un rompecabezas de versículos.
 Escribe el versículo pero deja algunos espacios en blanco. Debajo de los espacios en blanco revuelve las letras de las palabras que van en los espacios en blanco. Deja que otro centinela acomode tu rompecabezas.

APRENDIENDO LA ESCRITURA CON MIS OÍDOS: SESIÓN 2

Dios nos creó con talentos y habilidades únicas. Aunque la gente es muy diferente, la Palabra de Dios, la Biblia, es para todos. Hoy aprendiste el Salmo 119:105. Escribe el versículo que has aprendido: _____
_____
_____

¿Qué actividad has hecho para ayudarte a aprender el versículo? _____
_____

¿Qué significa que la Biblia es una luz y una lámpara?
_____
_____

Chasquear y Aplaudir
Planea un movimiento con sonido para hacer después de cada frase, como chasquear los dedos o palmear las manos. Puedes variar el número de veces que haces cualquiera de estos.
   "Tu palabra
   es una lámpara
   a mis pies
   y una luz
   a mi camino"
   (Salmo 119:105).

APRENDIENDO LA ESCRITURA A TRAVÉS DEL MOVIMIENTO: SESIÓN 3

¡Hay muchas formas interesantes de aprender versículos bíblicos! La Biblia dice que hay un tiempo y un lugar para todo. Incluso hay un tiempo y un lugar para la diversión ¡Memorizar los versículos Bíblicos puede ser divertido! Hoy aprendiste Juan 3:16.

Escribe el versículo que aprendiste: _____
_____
_____
_____
_____

¿Qué actividad has hecho para ayudarte a aprender el versículo?
_____

¿Por qué Dios envió a Su Hijo, Jesús al mundo? _____
_____

¿Alguna vez le has pedido a Jesús que sea tu Salvador? Si no, habla con tu guía. Él o ella puede decirte cómo hacerlo.

¡ENVUÉLVELO!

1. ¿De qué maneras puedes servir a Dios con las habilidades de la memoria de la Biblia?
   _____
   _____

2. ¿Cuáles son algunas formas diferentes de memorizar versículos Bíblicos?
   _____
   _____
   _____

3. ¿Cuál es tu manera favorita de memorizar un versículo?
   _____

4. Según el Salmo 119:11, ¿Cuál es el propósito de memorizar versículos Bíblicos? _____
   _____
   _____

_____   _____
Fecha   Firma del Guía

HÉROES DE LA SANTIDAD

VERSÍCULO BÍBLICO

"Acuérdense de sus dirigentes, que les comunicaron la palabra de Dios. Consideren cuál fue el resultado de su estilo de vida, e imiten su fe." (Hebreos 13:7)

Dios ha dado ejemplos de líderes cristianos para que sepamos cómo vivir como cristianos. A veces es difícil saber lo que hay que hacer. Dios nos ha dado la Biblia para ayudarnos. También tenemos gente de quien podemos aprender y seguir su ejemplo. Son nuestros héroes de santidad.

SANTIDAD

Qué Puedes Hacer Con Esta Habilidad

Todo el mundo necesita un héroe. El problema es encontrar a alguien que pueda ser un buen ejemplo. Ustedes aprenderán sobre hombres y mujeres comunes de diferentes lugares del mundo que amaban a Dios y estaban dispuestos a servirle. Puedes descubrir algunas de sus cualidades en ti mismo y puedes convertirte en un héroe de santidad también!

Requisitos ✓ de Insignia

Elige cuatro de los cinco requisitos a continuación para completar la insignia de Héroes de Santidad.

☐ Indicar al menos un hecho sobre los nueve Héroes de Santidad.

☐ Indicar por lo menos cuatro cualidades de buenos líderes.

☐ Decir cuál debe ser la actitud de un cristiano hacia los líderes de nuestra iglesia.

☐ Decir los nombres de al menos dos Héroes de Santidad modernos.

☐ Encontrar una manera de usar las habilidades en la insignia de Héroes de la Santidad para ministrar a alguien más.

HÉROES DE SANTIDAD: SESIÓN 1

Honorato T. Reza
América del Sur (1912-2000)

Honorato sabía hablar y escribir español e inglés. Utilizó su talento para Dios cuando fue a Kansas City, Missouri en 1946 para hacer algo que no se había hecho antes. Produjo un programa de radio en español y tradujo las lecciones de la Biblia en inglés al español. Su programa de radio era popular en América Central y del Sur. Ayudó a los nazarenos que hablaban español a aprender sobre Dios y a saber vivir la vida Cristiana.

Espiritual

Juliet Kayise Ndzimandze
Swazilandia (1929-1996)

Juliet nació en Swazilandia, África. Ella fue capaz de ir a la escuela cuando muchos niños no lo hicieron. Ella estaba estudiando para ser enfermera cuando se convirtió en una cristiana. Ella decidió que quería servir a Dios con su vida. Trabajó con niños y adolescentes en Swazilandia. Fue la primera mujer en Swazilandia que fue ordenada como ministra nazarena. Viajó y ayudó a la gente a aprender más acerca de Dios. Juliet rezó y ayudó a la gente que la rodeaba. Ella vio muchos buenos resultados de sus oraciones.

Ordenada significa traer a alguien oficialmente al ministerio. El ayuno significa renunciar a comer comida por un tiempo.

Phineas se dio cuenta de que tanto los pobres como los ricos necesitaban oír las buenas nuevas de Jesús. Empezó la Iglesia del Nazareno para que pudiera predicar acerca de la santidad tanto para los pobres como para los ricos. Quería que todas las personas se sintieran bienvenidas en la iglesia. Quería enseñar a la gente cómo vivir para Dios.

La vida de Phineas Bresee no fue fácil. Él era a menudo pobre, hambriento, y mal entendido. Sin embargo, cientos de miles de personas ahora asisten a una iglesia nazarena porque Phineas Bresee y otros eran obedientes a Dios y nunca renunciaron a lo que Dios quería que ellos hicieran.

Phineas F. Bresee
Estados Unidos (1838-1915)

Piénsalo

1. ¿Qué hizo de especial Honorato Reza?
   _____
   _____

2. ¿Qué hizo Juliet Ndzimandze?
   _____
   _____

3. ¿Qué hizo Phineas F. Bresee?
   _____
   _____

4. ¿Qué grupo de personas quería traer Bresee a la iglesia?
   _____
   _____

Honorato, Julieta y Phineas eran gente común. Eran parte de familias, trabajaban, jugaban y tenían amigos. ¿Qué los hizo héroes? Ellos querían ser obedientes a Dios, servirle, y decirles a otros acerca de Él. Sus vidas son un ejemplo para los demás que les rodean.

Puedes ser un héroe de santidad también. ¿Cómo puedes servir a Dios?

HEROES DE SANTIDAD: SESIÓN 2

Hiriam Reynolds era un buen amigo de Phineas Bresee. Las misiones eran importantes para él. Hiriam ayudó a Phineas Bresee a iniciar la Iglesia del Nazareno. También trabajó duro para ayudar a las nuevas iglesias nazarenas a enviar misioneros a diferentes países. Él predicó, enseñó y ayudó a recaudar dinero para misiones. La Iglesia del Nazareno hoy tiene cientos de misioneros en todo el mundo debido a la obediencia a Dios de Hiriam en enfatizarse en misiones.

Misiones significa decirles a personas de otros países o culturas acerca de Jesús.

Hiriam Reynolds
Estados Unidos (1854-1938)

Hiroshi Kitagawa
Japón (1888-1975)

Muchas personas en Japón siguen una religión diferente. Hiroshi se convirtió en cristiano y quiso ayudar a otras personas a escuchar acerca de Jesús. Hiroshi fue el primer pastor nazareno japonés en Kumamoto, Japón. Había muchos otros que también querían ser pastor, así que Hiroshi comenzó una escuela para entrenar pastores. Durante la Segunda Guerra Mundial, muchas personas perdieron sus hogares e iglesias. Hiroshi Kitagawa ayudó a reconstruir la Iglesia del Nazareno después de la guerra.

Los Misioneros trajeron la Iglesia del Nazareno a la Argentina donde Lucía se convirtió en cristiana. Fue la primera cristiana nazarena en Argentina. Ella fue la primera persona en graduarse de la Escuela Bíblica Nazarena en Argentina. Ella quería que la gente oyera sobre las buenas nuevas de Jesús, así que ella comenzó muchas iglesias. Ella ayudó a las iglesias enseñando, traduciendo y predicando.

Lucia Carmen Garcia de Costa
Argentina (1903-1984)

Piénsalo

1. ¿Qué área de servicio prestó Hiriam Reynolds a la Iglesia del Nazareno?

   _____

   _____

2. ¿Qué hizo Hiroshi Kitagawa para la gente de Japón?

   _____

   _____

3. ¿Cómo ayudó a Lucia Carmen García de Costa a la Iglesia del Nazareno en Argentina?

   _____

   _____

Dios ayudó a Hiriam Reynolds a iniciar misiones en la Iglesia del Nazareno. Estos misioneros fueron por todo el mundo. Cristianos como Hiroshi y Lucía comenzaron a servir al pueblo de su país a causa de estos misioneros. Hiroshi y Lucía fueron capaces de servir a Dios, debido a la obediencia de Hiriam a Dios.

Puedes ser una parte del trabajo de las misiones aprendiendo, orando y alentando a los misioneros. ¿Qué harás?

_____

_____

HEROES DE SANTIDAD: SESIÓN 3

David nació en Escocia. Quería ser médico misionero. Así que estudió, se convirtió en médico y luego se trasladó a Swazilandia, África. Sabía que no había hospitales allí, así que llevó consigo libros para aprender cómo construir un hospital. Construyó un hospital en Manzini, Swazilandia, y luego trabajó allí como médico. Sabía que podía decirle a la gente acerca de Jesús mientras él cuidaba de sus problemas físicos.

David Hynd
Escocia/Swazilandia
(1895-1991)

Santos Elizondo
México (1869-1941)

En México, donde vivía Santos, no había muchos cristianos. Santos realmente quería contarle a la gente acerca de Jesús, pero mucha gente no quería oírla ni dejarla predicar. Ella ministró a la gente en California y México. Se convirtió en la primera predicadora registrada en México.

Quería servir a Dios de la manera que pudiera. Ella comenzó un orfanato para cuidar a los niños. Incluso cuando la gente no la entendía, ella servía a Dios.

India era un lugar difícil para Samuel y su familia vivir. No había muchos cristianos, y el gobierno no era estable. Samuel se convirtió en un cristiano y quería decirles a los adolescentes de la India acerca de Jesús. Comenzó programas sólo para adolescentes en la India y los entrenó para convertirse en líderes de la Iglesia del Nazareno en la India. Aunque a la gente no siempre le gustó lo que hizo, Samuel sirvió a Dios.

Samuel Bhujbal
India (1905-1978)

Piénsalo

1. ¿Qué hizo David Hynd en Swazilandia?
   _____
   _____

2. ¿Qué hizo Santos Elizondo a pesar de que a algunas personas no les gustó?
   _____
   _____

3. Samuel Bhujbal realmente quería que los adolescentes indios oyeran acerca de Jesús. ¿Qué hizo él?
   _____
   _____

A veces, ser un héroe significa hacer cosas que no son populares. Seguir a Dios requiere coraje. David Hynd, Santos Elizondo y Samuel Bhujal estaban dispuestos a servir a Dios aunque las cosas a su alrededor no fueran perfectas. La Biblia dice que la gente que sirve a Dios puede estar contenta (feliz) en cualquier situación. ¡Eso era cierto para los cristianos del Nuevo Testamento, para estos héroes de la santidad, y quizás para ustedes también! ¿Qué tan determinado estás de seguir a Dios y hacer lo que Él te pide que hagas?

_____
_____

¡ENVUÉLVELO!

1. ¿Qué aprendiste de tu proyecto ministerial?
   _____
   _____

2. ¿Quién es tu héroe favorito de santidad? ¿Por qué?
   _____
   _____

3. ¿Qué características viste en estos héroes?
   _____
   _____
   _____
   _____

4. ¿Cómo podrías ser un héroe de la santidad para las personas que te rodean?
   _____
   _____
   _____

_____   _____
Fecha   Firma del Guía

ORACIÓN

VERSÍCULO BÍBLICO

"No se inquieten por nada; más bien, en toda ocasión, con oración y ruego, presenten sus peticiones a Dios y denle gracias." (Filipenses 4:6)

Jesús nos dio un ejemplo de cómo y por qué orar. A veces queremos hablar con Dios, pero no sabemos qué decir o cómo decirlo. Aprender cómo Jesús nos enseñó a orar puede ayudarte a aprender a hablar con Dios a través de la oración.

SANTIDAD

¿Qué Puedes Hacer Con Esta Habilidad?

Aprender a orar puede ayudarte a crecer como cristiano. Puedes obtener más información sobre Dios y tener la ayuda de Dios con los problemas y las tentaciones. La oración es la comunicación directa con Dios.

Requisitos ✓ de Insignia

Elige cuatro de los cinco requisitos a continuación para completar la insignia de Oración.

- ☐ Iniciar un cuaderno de oraciones para registrar las peticiones y las respuestas a la oración.
- ☐ Decir por lo menos cinco maneras de alabar a Dios en la oración.
- ☐ Decir las seis ideas principales en la Oración del Señor.
- ☐ Orar todos los días durante una semana usando la Oración del Señor.
- ☐ Encontrar una manera de usar las habilidades de oración para ministrar a alguien más.

Espiritual

PALABRAS PARA SABER

Santificado: "Ser santo" o "apartado"

Tentación: La experiencia de ser atraído por algo atractivo. La tentación puede distraer a alguien de Dios. La tentación no es un pecado, pero puede conducir al pecado.

EL CARÁCTER DE DIOS: SESIÓN 1

"Padre nuestro que estás en los cielos, santificado sea tu nombre"
Mateo 6:9

Perspectivas Bíblicas
- Dios es nuestro Padre espiritual.
- Dios está en el cielo.
- Dios es más grande que cualquiera de nuestras preocupaciones humanas.
- El nombre de Dios es santo-aparte. Él es especial.

Toma Tiempo para L y P (Leer y Pensar)

1. ¿Donde vive Dios Padre?

2. ¿Qué significa "santificado"?

3. ¿Por qué hablar con Dios es especial y diferente?

Solo Hazlo!

Toma tiempo para orar. Está bien pedirle a Dios algo. Solo recuerda seguir el ejemplo de Jesús y alabar a Dios primero.

Escribe tres formas de alabar a Dios.

Escribe alguna petición de oración.

espiritual

EL CUIDADO DE DIOS: SESIÓN 2

"Venga tu reino, hágase tu voluntad en la tierra como en el cielo. Danos hoy nuestro pan de cada día."
Mateo 6:10-11

Perspectivas Bíblicas
- La voluntad de Dios siempre se hace en el cielo.
- Podemos pedirle a Dios que se haga su voluntad en nuestras vidas.
- Todo lo que tenemos proviene de Dios.
- Dios se preocupa por las necesidades de su pueblo.

Toma Tiempo para L y P (Leer y Pensar)

1. ¿Qué significa pedir la voluntad de Dios para nuestras vidas? _____

2. ¿Cómo Dios te provee? _____

3. ¿Por qué hablar con Dios es especial y diferente? _____

Solo Hazlo!
Toma tiempo para orar. Está bien pedirle a Dios algo. Solo recuerda agradecer y alabar a Dios primero.

O (Una alabanza a Dios) _____
R (Una alabanza a Dios) _____
A (Decirle a Dios que quieres su voluntad) _____
C (Dejar que Dios lo haga a su forma) _____
I (Una petición) _____
O (Una petición) _____
N (Una petición) _____

RESPONDEMOS A DIOS: SESIÓN 3

"Perdona nuestras deudas, como también hemos perdonado a nuestros deudores. Y no nos dejes caer en tentación, pero líbranos del maligno."
Mateo 6:12-13

Perspectivas Bíblicas
- Debemos perdonar a los demás de la misma manera que Dios nos ha perdonado.
- Dios ya sabe que hay tentaciones que pueden alejarnos de Él.
- La tentación viene de Satanás o "el malvado".
- Dios puede fortalecer a los cristianos cuando son tentados.

Toma Tiempo para L y P (Leer y Pensar)

Una forma de orar es escribir tus oraciones. Es como orar silenciosamente en tu cabeza u orar en voz alta, pero escribes las palabras. Aquí hay un modelo de oración. Llena los espacios con tus propias palabras:

Querido Dios,

Gracias por _____

Te alabo porque _____

A veces es difícil perdonar porque _____

_____

Ayúdame a _____

(Escribe cualquier otra cosa que le quieras decir a Dios.)

_____

_____

_____

Amén.

1. ¿Cuáles son algunas de las formas en que la oración puede ayudarte a crecer como Cristiano?
   _____
   _____

2. ¿Cómo puedes usar las habilidades de oración en el futuro?
   _____
   _____

3. ¿Qué dice Filipenses 4: 6 acerca de la oración?
   _____
   _____

4. ¿Qué es lo más importante que has aprendido acerca de la oración?
   _____
   _____

_____   _____
Fecha   Firma del Guía

ESCUELA DOMINICAL

VERSÍCULO BÍBLICO
"No dejemos de reunirnos, como algunos tienen el hábito de hacer, sino animémonos unos a otros." (Hebreos 10:25a)

Dios ha proporcionado la Escuela Dominical como una forma en que podemos aprender la Biblia y conocerla mejor. En la Escuela Dominical, los exploradores pueden aprender sobre Dios, la creación, la gente de la Biblia y cómo conocer a Jesús como su Salvador. La Escuela Dominical es divertida, y es un gran lugar para aprender a vivir como Cristiano.

EVANGELISMO

¿Qué Puedes Hacer Con Esta Habilidad?

La Escuela Dominical es importante. Los Centinelas pueden aprender de la Biblia con otros niños y de una manera que puedan entender fácilmente. Los Centinelas reciben ánimo de otros Cristianos. Los Centinelas encuentran respuestas a los problemas y reciben el apoyo de sus amigos. Los Centinelas aprenden sobre la Biblia mientras disfrutan de actividades divertidas. Los Centinelas pueden aprender a contar a otros acerca de Jesús.

Espiritual

Requisitos ✓ de Insignia

Elige cuatro de los cinco requisitos para completar la insignia de Escuela Dominical.

- [ ] Cuéntales cómo comenzó la Escuela Dominical.
- [ ] Cuenta tres maneras en que la Escuela Dominical ayuda a las personas.
- [ ] Invita a una persona a venir a la Escuela Dominical contigo.
- [ ] Prepara una actividad que se puede usar en un aula de la Escuela Dominical.
- [ ] Encontrar una manera de usar las habilidades de la Escuela Dominical para ministrar a otra persona.

APRENDIENDO EN EL PASADO: SESIÓN 1

La Biblia Dice

"Escucha, Israel: El SEÑOR nuestro Dios es el único SEÑOR. Ama al SEÑOR tu Dios con todo tu corazón y con toda tu alma y con todas tus fuerzas. Grábate en el corazón estas palabras que hoy te mando. Incúlcaselas continuamente a tus hijos. Háblales de ellas cuando estés en tu casa y cuando vayas por el camino, cuando te acuestes y cuando te levantes. Átalas a tus manos como un signo; llévalas en tu frente como una marca; escríbelas en los postes de tu casa y en los portones de tus ciudades." (Deuteronomio 6:4-9)

Dios quería que los padres explicaran a los niños cómo había cuidado a su pueblo. En tiempos del Antiguo Testamento, los abuelos y los padres contaban las historias a los niños de lo que Dios había hecho en el pasado. Dios quería que los abuelos y los padres también enseñaran a los niños las leyes que Dios había dado a Su pueblo y las promesas que Él les dio.

El pueblo judío tiene una tradición de usar una caja con versículos de las Escrituras dentro. Estas pequeñas cajas negras se llaman filacterias. La gente escribe versículos bíblicos en pergaminos pequeños. Se enrollan los pergaminos hasta que son muy pequeños y se meten en las cajas pequeñas. Usan cordones de cuero para sujetar estas pequeñas cajas negras. Al mantener los versículos bíblicos cerca de sus cuerpos, a los judíos recuerdan continuamente las leyes de Dios y Sus promesas a ellos. Uno de los pasajes más comunes usados es el escrito arriba.

Espiritual

Puedes Hacer una Filacteria

1. Recorta el patrón dado por tu guía.
2. Dobla las líneas punteadas. Pega los bordes donde se indica.
3. Escribe las palabras de Deuteronomio 6: 4-5. Luego dobla el papel y colócalo dentro de la caja.
4. Si estás interesado en usar el promesario puedes cuidadosamente hacer una ranura en dos extremos de la caja. Inserta una cinta estrecha a través de la caja. Has la cinta lo suficientemente larga para pasar por la caja y atarla. También puedes hacer un bucle en la cinta y poner la caja a la puerta de tu habitación. Al entrar y salir de tu habitación, piensa en los versículos que están dentro de la caja.

¿SABÍAS TÚ QUE? SESIÓN 2

La Primera Escuela Dominical

La primera Escuela Dominical comenzó en Inglaterra hace más de 200 años. Robert Raikes notó en la calle de Santa Catalina un grupo de niños destartalados jugando en la calle. Eran salvajes y ruidosos. A Raikes se le dijo que era peor los domingos cuando la calle estaba llena de niños maldiciendo, jurando y provocando. Se trataba de niños pobres que trabajaban seis días a la semana durante largas horas con salarios muy bajos en la industria Pin-making. Liberaban su energía acumulada de la manera equivocada.

Robert Raikes se dio cuenta de que las cárceles estaban llenas de gente cuyas vidas habían sido moldeadas por su infancia pobre y estas escenas de crimen infantil. Él y un amigo Thomas Stock inauguraron la primera Escuela Dominical en julio de 1780. La Sra. Meredith dirigió una escuela en su casa en Souty Alley. Al principio, sólo los niños asistieron. Los chicos mayores ayudaban a los chicos más jóvenes. A las chicas más tarde se les permitió unirse. Raikes pronto inscribió a 100 niños entre 6-14 años. Robert Raikes contrató a cuatro mujeres para enseñarles.

Dentro de dos años, varias escuelas se abrieron en Gloucester. En 1783, Raikes publicó un artículo en su periódico sobre las escuelas dominicales. El entusiasmo creció y se iniciaron muchas más escuelas dominicales.

El carácter de muchos de estos niños fue cambiado por su asistencia a la Escuela Dominical. Sus jefes en el trabajo comenzaron a notar una diferencia en estos niños. La tasa de criminalidad en la ciudad bajó.

En 1788, John Wesley habló a favor de estas Escuelas Dominicales.

El movimiento de la Escuela Dominical se extendió a América. Las iglesias protestantes lo acogieron. Muchas iglesias comenzaron una Escuela Dominical. Hoy muchas personas asisten a la Escuela Dominical cada semana para aprender más acerca de Dios y la Biblia.

Respuestas Rápidas
1. ¿Quién comenzó las Escuelas Dominicales?
2. ¿Quién fue la persona que trató de ayudar?
3. ¿Qué tan exitoso fue Robert Raikes?

SE UN ANDRÉS: SESIÓN 3

La Biblia Dice

"Andrés, hermano de Simón Pedro, era uno de los dos que, al oír a Juan, habían seguido a Jesús. Andrés encontró primero a su hermano Simón, y le dijo: – Hemos encontrado al Mesías (es decir, el Cristo). Luego lo llevó a Jesús… (Juan 1:40-42).

Andrés quería estar seguro de que su hermano sabía de Jesús. Así que Andrés llevó a su hermano a Jesús.

Los Centinelas quieren que sus amigos sepan acerca de Jesús. Los Centinelas necesitan encontrar maneras creativas de invitar y llevar a sus amigos a la iglesia.

Pon una [cara feliz] al lado de cualquier buen método que usarías. Pon una [cara infeliz] al lado de cualquier método que no usarías.

—— 1. Invitar a un amigo a pasar la noche del sábado y traer al amigo a la iglesia el domingo por la mañana.
—— 2. Invitar a un amigo a venir a la iglesia y quedarse para una deliciosa cena de domingo contigo.
—— 3. Ir a la casa de un amigo, sacarlo de la cama y llevarlo a la iglesia con tu familia.
—— 4. Ofertar pagar a mi amigo mil dólares para venir a la iglesia.
—— 5. Invitar a un amigo primero a una fiesta de la clase de la Escuela Dominical, para que pueda familiarizarse con los niños de la clase.

¿Cuáles son algunas otras maneras de invitar a amigos a venir a la iglesia contigo?

_____
_____
_____
_____
_____

Personas a Invitar	Método a Usar
_____	_____
_____	_____
_____	_____

¡ENVUÉLVELO!

1. ¿Qué aprendiste del proyecto ministerial?

   _____

2. ¿Cómo ayuda la Escuela Dominical a la gente?

   _____

   _____

   _____

3. ¿Qué dice Hebreos 10: 25a acerca de reunirse para estudiar la Palabra de Dios?

   _____

   _____

   _____

_____   _____
Fecha   Firma del Guía

MODALES

VERSÍCULO BÍBLICO

"Así que en todo traten ustedes a los demás tal y como quieren que ellos los traten a ustedes. De hecho, esto es la ley y los profetas." (Mateo 7:12)

Dios quiere que vivas en paz con Él y con los demás. Para hacer esto, debes aprender a respetar el cuerpo, la propiedad y la reputación de otras personas. La Biblia enseña a la gente cómo hacer esto. A medida que aprendas más acerca de estas actitudes y las apliques a tu vida, desarrollarás tu carácter Cristiano.

SANTIDAD

¿Qué Puedes Hacer Con Esta Habilidad?

El respeto es una cualidad que permanecerá contigo para la vida. Aprender a respetarse a sí mismo y a los demás te ayudará a tener una vida llena de paz. Te ayudará a ser un mejor amigo, elegir mejores amigos, y saber cómo tener una buena relación con tus padres y otros adultos en tu vida.

Requisitos ✓ de Insignia

Elige cuatro de los cinco requisitos a continuación para completar la insignia de Modales.

☐ Contar cuatro maneras de mostrar respeto por Dios.
☐ Contar cuatro maneras de mostrar respeto por otras personas.
☐ Decir algunas maneras de mostrar respeto por las posesiones de la gente.
☐ Ser capaz de decir cómo los Diez Mandamientos nos ayudan a mostrar respeto a los demás.
☐ Encontrar maneras de usar las habilidades de Modales para servir a otra persona.

Social

PALABRAS PARA SABER

Codiciar: Querer algo tanto que estás dispuesto a hacer cualquier cosa para conseguirlo.

Adulterio: Cuando un esposo o una esposa no es fiel a su cónyuge.

Falso Testimonio: Decir algo que no es cierto.

Reputación: La forma en que son juzgados por otras personas.

RESPETO POR DIOS: SESIÓN 1

Mandamientos 1-4

El respeto comienza primero con Dios. La Biblia nos dice cómo debemos tratar a Dios. Escribe aquí en tus propias palabras lo que dicen los mandamientos 1-4.

1. _____
2. _____
3. _____
4. _____

¿Por qué crees que Dios quiere que tengas una relación con Él?
_____

¿Cómo tener una relación con Dios ayuda en tus amistades con los demás?
_____

Actuando!

Crea una sátira usando títeres. En el sketch, explica cómo los Centinelas deben mostrar respeto a Dios y a Su nombre.

Personajes:

1. _____
2. _____
3. _____

El Set: _____

La Trama:
_____
_____

¿Qué aprenderán los personajes?
_____
_____
_____

RESPETO POR OTRAS PERSONAS: SESIÓN 2

Mandamientos 5-7
Escribe en tus propias palabras los mandamientos 5-7.
_____
_____
_____

¿Por qué crees que Dios quiere que honres a tu mamá y papá?
_____

¿Qué dice Dios acerca del valor de la vida humana? _____

¿Cómo pueden las familias ser dañadas cuando no se cumplen los votos matrimoniales? _____
_____

¡Los Diez Primeros!
Enumera 10 formas de mostrar respeto por los demás. Utilízalos para jugar el "Juego de los Diez Mejores".

1. _____
2. _____
3. _____
4. _____

5. _____
6. _____
7. _____
8. _____
9. _____
10. _____

RESPETO DESDE LA VISTA DE UN NIÑO: SESIÓN 3

Mandamientos 8-10

Jesús dijo que es importante tratar a la gente de la manera que quieren ser tratados. Este versículo está de acuerdo con las actitudes de Éxodo 20:15-17.

¿Qué dice Dios acerca del respeto de las pertenencias de una persona? _____

¿Qué dice Dios acerca del respeto a la reputación de una persona? _____

¿Qué hay de diferente en querer algo y codiciar? _____
_____

Situaciones de Vida

¿Qué te dicen los Diez Mandamientos y Mateo 7:12 en estas situaciones?

Un niño de tres años está teniendo problemas para subir las escaleras.

Una señora mayor o un caballero están luchando para ponerse un abrigo.

Los estudiantes dejan un aula desordenada para el maestro.

Mamá llega a casa con seis bolsas de comida.

Tu hermana perdió su papel de tarea y está tratando de encontrarlo.

Un estudiante más lento necesita ayuda para completar un proyecto de artesanía.

Un nuevo estudiante vacila en salir al recreo.

Un estudiante pierde dinero en el patio de recreo sin darse cuenta.

Papá está cortando el césped en un día muy caluroso.

Tus amigos quieren que uses el nombre de Dios de una manera mala.

Un niño quiere jugar al fútbol todos los domingos por la mañana en lugar de ir a la iglesia.

Un niño le gritó a su madre cuando le pidió que limpiara su habitación.

Un niño hará cualquier cosa para conseguir una bicicleta como la de su amigo.

Un niño dijo algo no cierto sobre otro niño en su clase.

Un niño sacó un CD de la mochila de su amigo.

¡ENVUÉLVELO!

1. ¿Qué aprendiste de tu proyecto ministerial?

2. ¿De qué manera debes mostrar respeto a Dios?

3. ¿De qué manera debes mostrar respeto a los demás?

4. De acuerdo con Mateo 7:12, ¿cómo debemos tratar a los demás?

Fecha   Firma del Guía

MI COMUNIDAD

VERSÍCULO BÍBLICO

"En fin, vivan en armonía los unos con los otros; compartan penas y alegrías, practiquen el amor fraternal, sean compasivos y humildes." (1 Pedro 3:8)

Dios quiere que la gente viva en paz en comunidad. Tu familia es una comunidad. Tu iglesia es una comunidad. El lugar donde vives es parte de una comunidad. Aprender y ser parte de una comunidad es muy importante. Significa que sirves y ayudas a la gente, y te sirven y te ayudan.

EVANGELISMO

Qué Puedes Hacer Con Esta Habilidad

Aprender acerca de tu comunidad te ayuda a ser consciente de las diferentes personas que te proporcionan servicios. También te ayudará a ser más consciente de las oportunidades de ayudar a otros en tu comunidad.

Requisitos ✓ de Insignia

Elige cuatro de los cinco requisitos a continuación para completar la insignia Mi Comunidad.

- [ ] Aprender al menos cinco cosas nuevas sobre tu comunidad.
- [ ] Enumerar al menos cuatro trabajos en los que la gente sirva a su comunidad. Decir cómo cada persona sirve a la comunidad.
- [ ] Participar en una excursión para visitar un departamento o agencia que atiende a la comunidad.
- [ ] Decir lo que significa ser parte de una comunidad cristiana.
- [ ] Encontrar una manera de usar las habilidades aprendidas en la insignia Mi Comunidad para ministrar a otra persona.

social

> **#1 seguridad**
> - **Siempre** quédate con tu grupo cuando visites un lugar nuevo.
> - **Siempre** ten un adulto contigo cuando visites un lugar nuevo.

PALABRAS PARA SABER

Comunidad Cristiana: Un grupo de cristianos que comparten una fe común en Jesucristo como Señor.

Armonía: Estar de acuerdo.

Simpatía: Entender y compartir los problemas de otra persona.

Amor: Actuar en el mejor interés de otra persona.

Compasión: Deseo de ayudar a alguien que está sufriendo.

Humildad: Lo opuesto al orgullo.

MI COMUNIDAD: SESIÓN 1

Mi Comunidad

Descifra las siguientes letras para descubrir lugares importantes en tu comunidad.

laecuse	_ _ _ _ _ _ _
iaigesl	_ _ _ _ _ _ _
eomsbbro	_ _ _ _ _ _ _ _
tislhoap	_ _ _ _ _ _ _ _
adsuempcerro	_ _ _ _ _ _ _ _ _ _ _ _
apilocí	_ _ _ _ _ _ _

¿Por qué son importantes estos lugares en tu comunidad?

social

Trabajando para la Comunidad

Estos trabajos son importantes para tu comunidad. Nombra a una persona que tiene cada trabajo.

Ministro _____

Doctor _____

Maestro _____

Bombero _____

Policía _____

Técnico de
emergencias médicas _____

Operador de correo _____

Operador 911 _____

Enfermera _____

Trabajador social _____

Consejero _____

Coach _____

Bibliotecario _____

Cajero de banco _____

Gerente de supermercado _____

Gerente del restaurante _____

Gerente de restaurante _____

Oficial humanitario para
animales _____

Di por qué cada persona es importante para la comunidad.

¿Qué pasaría si ellos o los lugares donde trabajan no fueran parte de tu comunidad?

¿Qué hechos nuevos has aprendido sobre tu comunidad?

_____
_____
_____
_____

COMUNIDAD DE DIOS: SESIÓN 2

La Biblia Dice . . .

Lee 1 Pedro 3: 8. Pedro era un discípulo de Jesús. Se convirtió en un líder en la Iglesia Primitiva. Él habló audazmente a la gente acerca de Jesús y ayudó a muchas personas a convertirse en cristianos. Escribió algunas cartas a las iglesias para decirles a los cristianos cómo debían vivir.

¿Qué consejo le dio Pedro a los Cristianos en este versículo?

_____

_____

_____

¿Qué acciones tendrías que cambiar en tu vida para vivir según las palabras de este versículo?

_____

_____

_____

Comunidad Cristiana: Un grupo de Cristianos que comparten una fe común en Jesucristo como Señor.

¿Quién compone tu comunidad Cristiana?

_____

_____

_____

La iglesia es un lugar donde servimos a Dios y a nuestra comunidad Cristiana. Has una lista de otras maneras en las que puedes servir a la comunidad Cristiana.

_____

_____

_____

SIRVIENDO A MI COMUNIDAD: SESIÓN 3

Los Cristianos Sirven A Su Comunidad
J. P. Roberts

Los Cristianos pueden servir a la gente usando los dones y habilidades naturales que Dios les dio. J. P. Roberts vio la necesidad de ayudar a niñas y mujeres jóvenes. Algunas chicas de su comunidad tenían hijos y no tenían esposos. Algunos tenían otros problemas. La gente no aceptaba a las chicas. Se quedaron sin hogar, comida o dinero. J.P. Roberts fundó Rest Cottage en Pilot Point, Texas. Muchas chicas y mujeres fueron ayudadas por Rest Cottage.

1. ¿Cuáles fueron las necesidades de las jóvenes y qué hizo J. P. Roberts para satisfacer esas necesidades?
   _____
   _____

2. ¿Qué habilidades naturales y talentos especiales crees que Dios le dio a J. P. Roberts para satisfacer esas necesidades?
   _____
   _____

3. ¿Cuáles son algunas necesidades de las personas en tu comunidad?
   _____
   _____

4. ¿Qué puedes hacer para ayudar a las personas con cualquiera de esas necesidades?
   _____
   _____

Crecer como cristiano significa aprender a ver las necesidades de otras personas. Cuando los Centinelas sirven a otros porque aman a Jesús, sirven en Su nombre. ¡Jesús obtiene la gloria! Los Centinelas tienen una buena sensación porque han ayudado a otros.

No todas las personas que sirven a tu comunidad son pagadas. Muchos son voluntarios. ¿Qué pueden hacer los voluntarios? Aquí hay algunos para empezar: APM (Asociación de Padres y Maestros), refugios para animales y despensas de comida. ¿Cuáles son algunos otros?

¡ENVUÉLVELO!

1. ¿Qué aprendiste acerca de la comunidad local en la que vives?
   _____
   _____
   _____
   _____
   _____

2. ¿Qué aprendiste acerca de tu comunidad Cristiana?
   _____
   _____

3. ¿Cómo te gustaría servir a otros en el futuro?
   _____
   _____

4. ¿Qué dice 1 Pedro 3: 8 a la gente acerca de sus actitudes?
   _____
   _____

Fecha

Firma del Guía

CONSTRUYENDO EQUIPOS

VERSÍCULO BÍBLICO

" Por eso, anímense y edifíquense unos a otros, tal como lo vienen haciendo." (1 Tesalonicenses 5:11)

Encontrarás muchos equipos en la Biblia, como Pablo y Bernabé, los doce discípulos, David y Jonatán, y Pablo y Silas. Dios a menudo envía a su pueblo en parejas para hacer un trabajo especial. Cuando las personas trabajan juntas, pueden hacer mucho más. Cuando tienes ayuda, cualquier trabajo puede parecer más fácil de hacer.

SANTIDAD

¿Qué Puedes Hacer Con Esta Habilidad?

Todo el mundo trabaja en un grupo en algún momento. Puede ser en la iglesia, en la escuela, en casa, o con amigos. Cuando sabes cómo formar un equipo fuerte, puedes hacer las cosas más rápido y mejor.

Requisitos ✓ de Insignia

Elige cuatro de los cinco requisitos para completar la insignia Construcción de Equipo.

- ☐ Jugar juegos de construcción de equipos y discutir la importancia del trabajo en equipo.
- ☐ Ver clips de vídeo o asistir a un evento deportivo de equipo como grupo, y hablar sobre cómo el trabajo en equipo ayudó al equipo ganador. O, dividir en equipos y competir en un deporte de equipo.
- ☐ Utilizar el trabajo en equipo para resolver un problema o adivinanza.
- ☐ Realizar un juego de construcción de equipo o componer tu propio juego de preguntas y respuestas.
- ☐ Encontrar una manera en que puedas usar tus habilidades de Construcción de equipo para ministrar a alguien más.

social

¿Qué es un Equipo?

Un equipo es un grupo de personas que trabajan juntos. Trabajan para alcanzar una meta. Hay equipos deportivos, equipos misioneros, equipos de adoración y equipos escolares. Trabajarás en un equipo alguna vez. Los buenos equipos se llevan bien. Los miembros del equipo se ayudan entre sí para alcanzar una meta.

PALABRAS PARA SABER

Cooperación: Trabajar juntos para alcanzar un objetivo.

Camarilla: Un pequeño grupo de personas que son muy amigas entre sí, pero no aceptan fácilmente a otros en su grupo.

¿Cuántas palabras puede pensar tu grupo Centinela que signifiquen lo mismo que cooperación? Descifra estas palabras y quizás piensa en otras.

oqeuip	outjns	mpacortidos
_____	_____	_____
_____	_____	_____
_____	_____	_____

JUNTOS: SESIÓN 1

No podemos hacer todo solos. No puedes jugar al béisbol solo. ¿Quién pichearía? A veces necesitamos cooperación o trabajo en equipo.

Los equipos pueden ser divertidos. También pueden ser muy útiles. Los grandes trabajos parecen más fáciles cuando no tienes que hacerlo solo. Cuando construyes un equipo fuerte, puedes hacer cualquier cosa.

- ¿Cuál es tu equipo deportivo favorito?

  _____

- No todos los equipos son equipos deportivos. ¿Cuáles son algunos otros tipos de equipos?

  _____
  _____
  _____

Phineas F. Bresee es el fundador de la Iglesia del Nazareno. Él sabía que es más fácil vivir como cristiano cuando tienes a otros Cristianos para animarte. Phineas Bresee creía que los grupos de iglesias debían trabajar juntos. Los miembros podían animarse mutuamente a ser buenos Cristianos.

¿Cómo Se Construye Un Equipo?

Aquí están algunas maneras fáciles de construir un buen equipo.

- Alienta a tus compañeros de equipo. Diles cuando hacen un buen trabajo. Agradéceles por trabajar contigo.
- Comparte el trabajo. Deja que todos usen sus habilidades para ayudar.
- Has todo lo posible por ayudar. Los equipos se llevan bien cuando todos trabajan duro.
- ¡Diviértete! Tu equipo será más feliz si se divierten juntos mientras trabajan.

Cliques y Equipos: ¿Cuál es la diferencia?

Está bien tener un grupo de amigos. Los grupos de amigos se divierten juntos. Una clique es una historia diferente. Las cliques no dejan que otros entren en su grupo. A menudo las personas en las cliques son malas con otros que no son parte de su grupo.

Los equipos están formados por diferentes personas que son buenas en cosas diferentes. Los equipos permiten que nuevas personas se unan, y son amables el uno al otro. Un buen equipo también es amable con las personas que no forman parte del equipo.

¿Cuál es una gran tarea que has tenido que completar?

_____

¿Alguien te ayudó a hacerlo?

_____

¿Cómo tener ayudantes puede hacer el trabajo más fácil?

_____

_____

_____

Una iglesia es como un equipo. En una iglesia, la gente se enseña. Oran y adoran juntos. Ayudan a otros a conocer a Jesús.

Dios quiere que los cristianos se ayuden mutuamente. ¿Cuáles son algunas formas en que otros cristianos te han ayudado?

_____
_____
_____
_____

LLÉVAME AL JUEGO DE PELOTA: SESIÓN 2

En esta sesión, ve a ver un evento deportivo de equipo, o jugar un deporte de equipo. A continuación, responde a estas preguntas:

¿Cómo ayudó el trabajo en equipo al ganador en este juego?

_____
_____

¿Quién marcó más puntos en el juego? ¿Esta persona tenía ayuda de sus compañeros de equipo?

_____
_____

Lee 1 Tesalonicenses 5:11:
> "Por eso, anímense y edifíquense unos a otros, tal como lo vienen haciendo."

Ayudar a otros es fácil de hacer. Dile a otros que estás agradecido por ellos. Diles cuando hacen algo bien. Ayúdalos si lo necesitan. Muéstrales cómo debe vivir un Cristiano.

Escribe los nombres de las personas en tu grupo Centinela. ¿Qué es lo que más te gusta de cada persona?

_____
_____
_____
_____
_____
_____

¡Asegúrate de decirle a tus compañeros lo que te gusta de ellos! Lo que a mi grupo de Centinela le gusta de mí:

___

HAZLO TÚ MISMO: SESIÓN 3

En tu grupo Centinela, planifica un juego que tu grupo pueda jugar. Estos son algunos consejos para ayudarte:
- Puedes hacer nuevos juegos de los viejos. Sólo tienes que cambiar algunas de las reglas para un juego que ya conoces.
- Tu juego debe tener equipos. También puedes jugar juegos que ayudan a las personas a convertirse en amigos.
- ¡Diviértete!

Nuestro Juego
Equipo:

___

Cómo Jugar:

___

Así es como se ve el área de juego:

¡ENVUÉLVELO!

1. ¿Cómo te sentiste después de tu proyecto ministerial?
   _____
   _____

2. ¿Cómo te sientes al trabajar con un equipo?
   _____
   _____
   _____

3. ¿Cómo puedes usar tus habilidades de Equipo para alentar a otros?
   _____
   _____
   _____
   _____

4. ¿Cómo te ayuda 1 Tesalonicenses 5:11 a ser un mejor miembro del equipo y Cristiano?
   _____
   _____

_____   _____
Fecha   Firma del Guía

VIAJAR

VERSÍCULO BÍBLICO

"Cuando por fin el faraón dejó salir a los israelitas, Dios no los guió por el camino principal que atraviesa el territorio filisteo, aunque esa era la ruta más corta a la Tierra Prometida. Dios dijo: 'Si los israelitas llegaran a enfrentar una batalla, podrían cambiar de parecer y regresar a Egipto'. Por eso Dios los hizo dar un rodeo por el camino del desierto, hacia el mar Rojo. Así los israelitas salieron de Egipto como un ejército preparado para la batalla.

El Señor iba delante de ellos, y los guiaba durante el día mediante una columna de nube y les daba luz durante la noche con una columna de fuego. Esto les permitía viajar de día y de noche. El Señor nunca quitó de su lugar, delante de ellos, la columna de nube ni la columna de fuego." (Éxodo 13:17-18, 21-22)

Prepararte para unas vacaciones o para tu primer viaje en avión puede ser excitante. Sin embargo, mudarte a un nuevo apartamento, casa o ciudad puede dar un poco de miedo. Puedes tener diferentes sentimientos dependiendo de las razones detrás de tu necesidad de viajar. Lo importante a recordar es que Dios sabe a dónde vas, incluso si no estás seguro. Puedes confiar en que Dios te ayudará a guiarte y vigilarte mientras viajas. Nos recuerda la manera en que Dios cuida a su pueblo cuando leemos de la manera en que Él guió a los israelitas a través del desierto.

EVANGELISMO

Qué Puedes Hacer Con Esta Habilidad

Los viajeros experimentados te dirán que equipo y preparación para tu viaje te ayudará a disfrutar de tu experiencia de viaje. Si sabes qué traer y a dónde vas, podrás concentrarte más en las nuevas personas que conoces y lugares que visitas.

social

Requisitos ✓ de Insignia

Elige cuatro de los cinco requisitos siguientes para completar la insignia Viaje.

- ☐ Organizar y empacar una maleta para un viaje de una semana.
- ☐ Desarrollar un paquete de actividades.
- ☐ Conocer las directrices y consejos de seguridad para el transporte aéreo.
- ☐ Planificar un viaje imaginario con viajes en automóvil y/o en avión.
- ☐ Encontrar una manera de utilizar sus habilidades de Viaje para ministrar a otra persona.

Seguridad #1

- ■ **Asegúrate** de que las valiosas joyas y el dinero estén embalados y asegurados con seguridad.
- ■ **Nunca** sobre montes una maleta. Puedes rasgarla o que sea difícil de llevar.
- ■ **Siempre** lleva contigo una tarjeta de identificación que incluya tu nombre, número de teléfono, dirección y alguien que pueda ser contactado en caso de una emergencia.
- ■ **Nunca** hagas las cosas rápidamente.

En que parte del mundo estás _____?
  [Escribe tu nombre aquí]
Puedes viajar por . . .

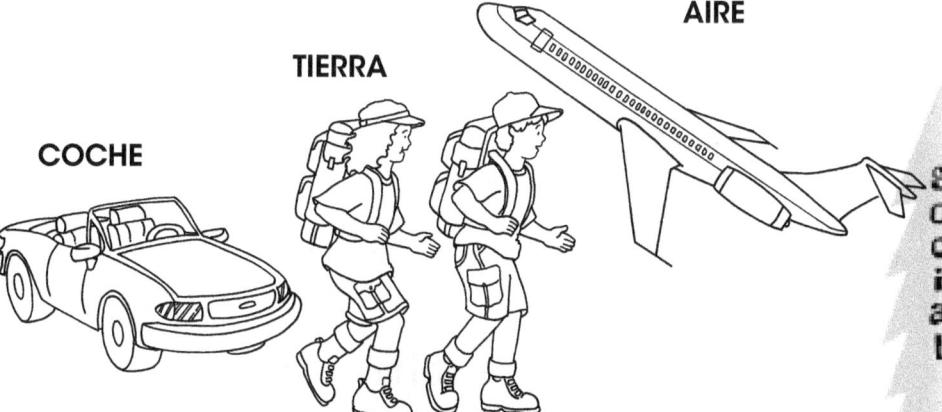

COCHE TIERRA AIRE

PALABRAS PARA SABER

Itinerario: Un plan que muestra las fechas en las que viajarás, dónde estarás y en qué momento.

Suvenir: Algo de recuerdo de una persona, un lugar o un evento.

Comprobación del Equipaje: El área del aeropuerto donde se comprueba el equipaje que se desea colocar en el depósito debajo de un avión.

Reclamo de Equipaje: El área donde se recoge el equipaje.

Tarjeta de Identificación: Una tarjeta que incluye nombre, número de teléfono, direcciones y la persona a contactar en caso de una emergencia.

CAMPO DE ENTRENAMIENTO MALETA: SESIÓN 1

No más maletas llenas con ropa colgando. No más olvidar tu cepillo de dientes o ropa interior. No más "un traje" de viajes al campamento de verano. Es hora de que te hagas cargo de las responsabilidades de tu maleta. En esta sesión realizarás una serie de pruebas. Tu mente y tu fuerza serán desafiadas. Si eres lo suficientemente valiente para afrontar estos desafíos, cobrar por adelantado. ¡Te convertirás en parte de Los Maestros de la Maleta!

Embalaje Básico 101

¿A dónde vas? ¿Cuánto tiempo te habrás ido? ¿Qué harás mientras estás fuera? Estas son sólo algunas de las preguntas que debes hacerte antes de empacar una maleta. Una vez que esto se determine, podrás seleccionar los trajes y otros elementos esenciales que necesitarás para tu viaje. Utiliza el cuadro de planificación aquí para averiguar lo que necesitarás para un viaje de una semana al campamento de la iglesia.

¡Consejos de Embalaje!

1. Coloca los zapatos en una bolsa de plástico para proteger tu ropa. Ponte los zapatos de tacón.
2. Usa una bolsa de plástico para sostener tu champú, desodorante, pasta de dientes y otros artículos de baño.
3. Reúne todos los artículos que vas a necesitar antes de comenzar a embalar.
4. Dobla la ropa en sistemas y enrolla tu ropa interior.

Número Necessario	Embalado	Artículo
		Ropa de jugar
		Ropa de vestir
		Ropa interior
		Calcetines
		Trajes de baño
		Cepillo de dientes y pasta de dientes
		Shampoo y jabón
		Desodorante
		Cepillo y peine
		Gel de pelo (opcional)
		Secador
		Zapatos de juego y zapatos de vestir
		Bolsa de lavanderia
		Toallas y paños de lavado
		Despertador
		Impermeable, chaqueta y paraguas

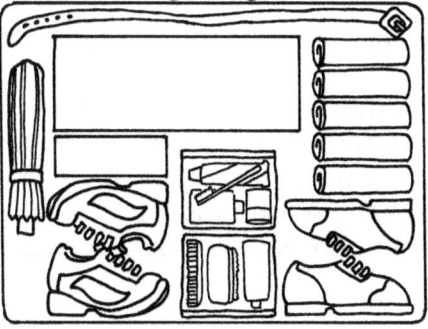

Aquí está un ejemplo de cómo tu maleta podría verse.

Ropa plegada ir en la parte superior.

¿YA LLEGAMOS? SESIÓN 2

Juegos y Otras Actividades

Los viajes largos pueden ser muy aburridos. Incluso los videojuegos portátiles y las películas se ponen viejas después de varias horas en el coche. Si deseas mantener tu experiencia de viaje interesante, crea un kit de actividad antes de salir. Esta sesión te enseñará varios juegos y actividades que hacen que el tiempo pase.

¿Qué Puedes Poner en un Kit de Actividades?*

- Juegos
- Bocadillos
- CDs
- Auriculares y reproductor de música
- Libros y revistas
- Puzzles de mano
- Libro de acertijos
- Libro para colorear y crayones
- Lápiz
- Hojas de papel en blanco
- Un juego de cartas
- Cámara

*Trabaja con tu guía para crear un kit de actividad.

Caza de Suvenir

Un suvenir es algo que recuerdas de una persona, un lugar o un evento. Antes de ir en tu viaje, consigue una bolsa de plástico o una caja pequeña. Mientras viajas, recoge artículos de los lugares que visitas. Cuando regreses a tu hogar, podrás crear un libro de recuerdos e incluir las diferentes cosas que hayas recopilado.

Aquí hay algunas cosas que puedes incluir en tu libro de suvenir.

- Tarjetas Postales
- Servilletas
- Una caja de fósforos de un restaurante
- Talones de boleto
- Artículos de naturaleza (flores, palos, hierba, plantas y arena)
- Fotografías
- Folletos o anuncios

¡VUELO 2010! SESIÓN 3

La mayor parte de tu viaje probablemente será en el coche. Sin embargo, puedes tener la oportunidad de viajar en un avión. ¿Has volado alguna vez en un avión? ¿Cuáles son algunas de las cosas que recuerdas acerca de volar? Comparte tus recuerdos con tu grupo Centinela, especialmente con aquellos que nunca han estado en un avión.

Itinerario

Un itinerario es un plan que muestra las fechas en las que viajarás, dónde estarás y en qué momento. Es una gran idea hacer una copia de tu itinerario para las personas que podrían necesitar ponerse en contacto contigo mientras viajas. Puedes hacer un itinerario aún más detallado y mostrar las cosas que te gustaría hacer durante tu viaje y en qué días. Rellena el itinerario abajo con la información en la caja a la derecha.

- Lunes: _____ (Inserte la fecha)
- Evento: _____
- Llegar al evento: _____
- Almuerzo de 12:00 p.m. a: _____
- Retorno al coche: _____
- Regreso al _____ a las 9:00 p.m.

- 8:30 p.m.
- Hotel y Resort de Orlando
- Disney World
- 5 de Mayo
- Pizza Mickey
- 8:00 a.m.

Cheque de Equipaje

La mayoría de las líneas aéreas te permitirán comprobar un artículo (bolso, maleta, caja) y tomar una bolsa o artículo en el plano. Este espacio limitado significa que tienes que pensar más cuidadosamente sobre el embalaje de tu maleta. Además, hay algunas cosas que no se permiten en un avión. Aquí hay algunos elementos que no podrás llevar en un avión.

Cuchillos de Bolsillo (se pueden llevar en tu equipaje facturado)
Rasuradora
Armas de Juguete
Petardos u otras cosas que pueden explotar
Fósforos
Clippers de Uña (se puede llevar en tu equipaje facturado)
Objetos Afilados

¿Quién Eres Tú?

Ya sea que estés volando solo o con tu familia, es importante que crees una tarjeta de identificación y que la uses alrededor del cuello. La tarjeta de identificación debe incluir tu nombre, número de teléfono, dirección y el nombre de tus padres o tutores legales. Esta información también debe adjuntarse a cada pieza de equipaje que lleves en el avión o comprobar como equipaje.

Nombre: _____
Dirección: _____
Número de teléfono: (_____) _____-_____
Nombre de los padres o tutores:
_____
Número de vuelo y destino:
Vuelo # _____ a _____

¿Dónde Está Mi Maleta?
Cuando tu avión aterrice y salgas del avión, reclamar el equipaje. La reclamación de equipaje es el área donde recogerás la maleta en el área de almacenamiento del avión. Negro es probablemente el color más popular para una maleta o bolsa de lona. Muchas personas que viajan tienen bolsas de aspecto similar. Por lo tanto, es importante que coloques una etiqueta de identificación en cada una de tus bolsas. También es una gran idea para pegar un trozo de cinta de colores brillantes en tu bolso o atar una cinta a la manija de la bolsa.

¡ENVUÉLVELO!

1. ¿Cómo te sentiste después de tu proyecto ministerial?

   _____

2. ¿Cómo puede Dios usar tus habilidades de Viaje en el futuro?

   _____

3. En Éxodo 13:17-18, 21-22, Dios guió a Su pueblo fuera de Egipto. Él los protegió mientras viajaban y proveyó una nube y un pilar de fuego para ser su guía. ¿Cuáles son algunas maneras en que Dios te protege y te guía?

   _____
   _____

Fecha   Firma del Guía

el ABC de la SALVACIÓN

A dmite que has pecado (hecho mal, desobedecido a Dios)

Dile a Dios lo que has hecho, arrepiéntete de ello y debes estar dispuesto a dejarlo.

Romanos 3:23 -"Por cuanto todos pecaron y están destituídos de la Gloria de Dios"

1 Juan 1:9 -"Si confesamos nuestros pecados, Él es fiel y justo para perdonarnos, y limpiarnos de toda maldad."

B usca de Dios, proclama a Jesús como tu Salvador.

Dí lo que Dios ha hecho por tí. Ama a Dios y sigue a Jesús.

Juan 1:12 -"A todos los que le recibieron, a los que creen en su nombre, les dio potestad de ser hechos hijos de Dios."

Romanos 10:13 -"Todo aquel que invocare el nombre del Señor, ese será salvo."

C ree que Dios te ama y envió a su Hijo, Jesús, para salvarte de tus pecados

Pide y recibe el perdón que Dios te está ofreciendo.

Ama a Dios y sigue a Jesús.

Juan 3:16 -"Dios amó tanto al mundo que dio a su Hijo Unigénito, para que todo aquel que en Él crea, no se pierda, más tenga vida eterna."

www.ingramcontent.com/pod-product-compliance
Lightning Source LLC
Chambersburg PA
CBHW071516040426
42444CB00008B/1667